AI를 활용한

유아디지털교육

이정아 김윤선 박시은 이유희 공저

양 성 원

머리말

유아교육은 유아들의 삶을 위한 가장 첫 번째 교육입니다. 그만큼 세심하여야 하고, 창의적이야 하며, 무엇보다 다정하고 따스한 손길이 요구되는 분야입니다. 유아 교육현장에서도 '인공지능(AI)'이라는 새로운 바람이 불어오고 있습니다. 누군가는 궁금해 하고, 또 누군가는 새로운 용어들에 두려움이 생기기도 합니다. 'AI가 사람을 대체할 수 있을지? 유아들을 가르치는 데 AI가 얼마나 도움이 될 수 있을까?' 하고 생각하기도 합니다.

이 책은 그 질문에 대한 우리의 진지한 탐색이자, 미래를 위한 대화의 시작입니다. 우리는 유아교육 현장에서 오랜 시간 아이들과 함께해 온 교육자이자, AI 기술을 실질적으로 연구하고 실천해 온 실무자이며, 창의적 콘텐츠 개발에 힘써 온 전문가들입니다. 네 명의 저자는 각자의 위치에서 'AI를 활용한 유아디지털교육'이 단지 기술의 도입을 넘어, 유아들을 위한 교육환경을 어떻게 더 풍요롭고 따뜻하게 만들 수 있을지 고민해 왔습니다.

1부에서는 생성형 AI의 개념과 흐름, 그리고 교사들이 기본적으로 알아야 할 도구들에 대해 체계적으로 정리했습니다. 챗GPT, 뤼튼, 제미나이, 퍼플렉시티 등 친숙하지 않던 도구들이 어떻게 교사의 시간을 절약하고, 생각을 확장하며, 표현을 돕는지 사례 중심으로 풀어냈습니다.

2부는 더 나아가 '그래서 유아교육 현장에서 어떻게 활용할 수 있는가'에 집중했습니다. 알림장, 수업계획안, 영상, 이미지, 음악 활동 등 유아교사들이 매일 부딪히는 교육의 현실을 AI로 어떻게 새롭게 구성할 수 있는지 구체적인 실습과 응용법을 담았습니다.

이 책은 기술서를 넘어, 변화에 선한 방향으로 적응하고자 하는 모든 유아교사와 교육자들을 위한 안내서입니다. 우리가 이 책을 통해 전하고 싶은 가장 중요한 메시지는 이것입니다.

"AI는 교사를 대체하지 않습니다. AI는 좋은 교사를 더 좋은 교사로 만들어 줄 도구입니다."

미래교실은 기술만으로 완성되지 않습니다. 기술을 따뜻하게 품을 수 있는 교육자의 마음이 함께할 때 비로소 미래는 아이들에게 희망이 됩니다.

이 책이 바로 그 길을 함께 걸어가는 소중한 첫걸음이 되기를 바랍니다.

2026년 1월

저자 일동

차례

PART 1

생성형 AI 인공지능

Chapter 01

생성형 AI 인공지능

1 인공지능의 현주소와 다가올 미래

1) 인공지능, 오늘을 말하다: 기술의 현재와 가능성

최근 몇 년 동안 인공지능(AI)은 학계의 추상적인 개념에서 벗어나 산업, 사회, 그리고 일상생활을 변화시키는 힘으로 자리 잡았다. 교육현장에서도 이러한 변화에 맞추어 다양한 기술적 방법을 모색하고 이를 교육적으로 적용해야 하는 시기가 왔다. 이에 대해 현장의 교사들은 유아들에게 인공지능 AI를 활용한 다양한 방법들을 활용하며, 인공지능에 대한 구체적인 이해가 필요하다. 그렇다면 오늘날 AI는 정확히 무엇이며, 우리의 세계에서 어떻게 나타나고 있을까?

2) 현대 AI의 정의

본서에서는 우선 AI 인공지능이 무엇인지, 어떻게 활용하는지에 대한 근본적인 이해부터 시작하고자 한다. AI는 기본적으로 인간의 지능을 모방하여 추론, 학습, 문제 해결, 자연어 이해와 같은 작업을 수행하는 시스템과 기술을 말한다. 그러나 오늘날의 AI는 단일한 개념이 아니다. AI는 스펙트럼상에 존재한다. 이미지 인식이나 언어 번역과 같은 특정 작업에 특화된 협소한 AI(약인공지능)가 있고, 반대편에는 인간이 수행할 수 있는 모든 지적 작업을 이해하고 수행할 수 있는 이론적인 시스템인 범용 AI(강인공지능)가 있다. 범용 AI는 여전히 먼 미래의 이야기지만, 협소한 AI는 놀라운 발전을 이루어 냈다. 이러한 시스템은 특정 영역에서 뛰어난 성능을 발휘하며, 기계 학습, 신경망, 빅데이터 분석의 발전 덕분에 그 능력은 빠르게 확장되고 있다.

3) 일상생활에 스며든 AI

AI는 이제 연구실에만 머물지 않고, 우리가 매일 사용하는 도구와 플랫폼에 통합되었다. 이러한 통합된 서비스를 통해 현장에서 교사들은 이를 잘 이해하고 적극적으로 활용해야 함을 인식하였다. 여기서 가장 두드러진 응용 사례 5가지를 소개한다.

첫 번째 음성비서로 아마존의 알렉사, 애플의 시리, 구글 어시스턴트와 같은 장치는 AI가 인간의 언어를 해석하고 응답하는 능력을 보여 주며 기술과의 상호작용을 더욱 직관적으로 만든다.

두 번째 추천 시스템으로 넷플릭스, 유튜브와 같은 플랫폼은 AI를 활용해 사용자 선호를 분석하고 콘텐츠를 추천함으로써 전례 없는 개인화된 경험을 제공한다.

세 번째는 의료혁신이다. AI알고리즘은 질병 진단, 환자 예후 예측, 로봇수술까지 도우며 의료분야를 혁신할 잠재력을 보여 주고 있다.

네 번째는 교통수단이다. 차량 호출 애플리케이션에서 자율주행차 개발에 이르기까지 이동방식을 변화시키고 있다.

마지막으로 금융이다. AI는 사기 탐지, 자동화된 거래 시스템, 개인화된 금융 자문을 지원하며 금융 생태계를 더욱 효율적이고 안전하게 만들고 있다. 이러한 5가지 응용사례는 현재 다양한 분야에서 활용되고 있다.

[그림 1-1] 인공지능의 현주소와 다가올 미래

2 다가온 AI 시대: 인간과 기계의 공존을 위한 새로운 도전

이제 인공지능(AI)은 더 이상 먼 미래의 기술이 아니라, 우리 삶 깊숙이 스며들어 일상의 일부가 되었다. 음성 인식 비서, 자율주행차, 의료 진단 시스템, 자동화된 고객 서비스 등 AI 기술은 다양한 산업에서 필수적인 역할을 수행하고 있다. 이러한 변화는 효율성과 편리함을 가져왔지만, 동시에 새로운 도전과 윤리적 문제를 제기하고 있다. 우리는 어떻게 AI와 공존하며, 인간의 역할을 재정의해야 할까가 중요한 이슈로 다가오고 있다.

1) 인간과 AI의 협력 가능성

AI의 발전은 인간의 노동을 대체하는 것이 아니라 보완하는 방향으로 나아가야 한다. 예를 들어, 의료분야에서는 AI가 방대한 데이터를 분석하여 진단의 정확도를 높이고, 인간 의사는 이를 바탕으로 환자에게 최적의 치료 방법을 제시할 수 있다. 또한, AI는 반복적이고 위험한 작업을 대신 수행함으로써 인간이 더 창의적이고 복잡한 문제 해결에 집중할 수 있도록 돕는다.

2) 인간의 역할 재정립

AI 시대에도 인간의 고유한 역량은 여전히 중요하다. 창의성, 감성적 지능, 비판적 사고는 기계가 쉽게 대체할 수 없는 요소이며, 이러한 역량을 강화하는 것이 미래 사회에서 더욱 필수적이 될 것이다. 따라서 교육 시스템 역시 변화해야 하며, 단순한 지식 습득이 아니라 창의적 문제 해결 능력과 협업 능력을 배양하는 방향으로 나아가야 한다.

다가온 AI 시대는 도전과 기회를 동시에 제공한다. 우리는 AI를 단순한 도구로서 활용하는 것을 넘어, 인간과 기계가 상호 보완적으로 협력할 수 있는 방향을 모색해야 한다. 기술적인 면모만을 다루기보다 이를 잘 활용하면서 기술 발전에 대한 윤리적 고민과 사회적 합의를 바탕으로 해야 한다. AI와의 공존을 위한 새로운 길을 개척해야 할 것이다. 결국, AI는 인간의 가능성을 확장하는 도구이며, 그것을 어떻게 활용하느냐는 우리의 선택에 달려 있다.

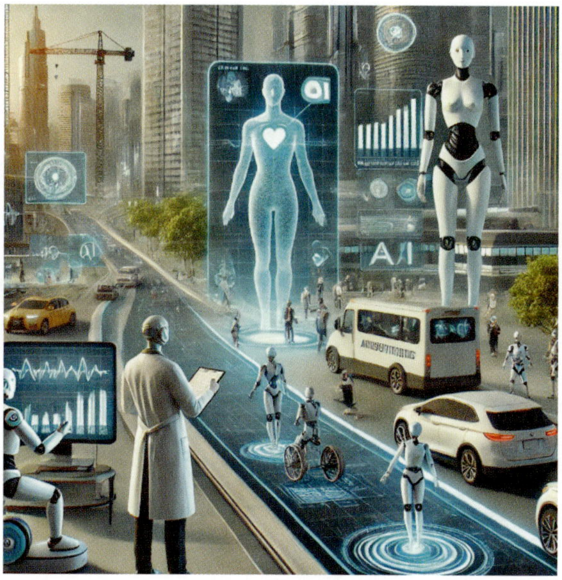

[그림 1-2] 다가온 AI 시대

3) 인공지능의 정의

인공지능(AI, Artificial Intelligence)은 현대 사회에서 가장 주목받는 기술 중 하나로, 인간의 사고와 학습 능력을 모방하거나 이를 넘어서는 시스템을 개발하는 것을 목표로 한다. 인공지능은 단순히 기술적 혁신에 그치지 않고, 인간의 삶 전반에 걸쳐 영향을 미치며 새로운 가능성과 도전을 동시에 제시하고 있다. 이 장에서는 인공지능의 정의, 역사적 발전 과정, 그리고 주요 개념인 머신러닝과 딥러닝에 대해 살펴보겠다.

인공지능은 일반적으로 "컴퓨터가 인간처럼 사고하고 행동할 수 있도록 만드는 기술"로 정의된다. 이는 문제를 해결하거나, 데이터를 분석하거나, 학습을 통해 스스로 개선하는 능력을 포함한다. 존 매카시(John McCarthy)는 1956년 다트머스 회의에서 "기계가 인간처럼 지능적으로 행동할 수 있는 과학과 공학"으로 인공지능을 정의하며 이 용어를 처음 사용했다. 이후 AI는 단순한 계산 기계에서 벗어나, 인간의 창의적이고 복잡한 사고를 모방하는 방향으로 발전해 왔다.

▪ 인공지능의 유형

인공지능은 크게 두 가지 유형으로 분류된다.

- 약한 인공지능(Weak AI): 특정 작업에 특화된 시스템으로, 예를 들어 음성인식, 이미지 분류, 추천 알고리즘 등이 이에 해당한다.
- 강한 인공지능(Strong AI): 인간처럼 종합적이고 자율적인 사고 능력을 가진 시스템을 의미하며, 이는 아직 연구 단계에 머물러 있다.

인공지능의 역사

인공지능의 역사는 20세기 중반으로 거슬러 올라간다. 초기에는 주로 논리와 수학 기반의 알고리즘 개발에 초점이 맞춰졌지만, 이후 컴퓨팅 성능과 데이터 처리 기술이 발전하면서 AI는 비약적인 진보를 이루었다.

초기 연구와 개념 정립(1950~1970년대)

앨런 튜링(Alan Turing)은 1950년 논문 "Computing Machinery and Intelligence"에서 "기계가 생각할 수 있는가?"라는 질문을 던지며 튜링 테스트라는 개념을 제안했다.

이는 기계가 인간과 구별되지 않는 대화를 할 수 있다면 지능적이라고 볼 수 있다는 기준이며, 1960~70년대에는 논리 기반 AI 연구가 활발했으며, 체스 게임 플레이어와 같은 초기 AI 프로그램들이 개발되었다.

AI 겨울과 재도약(1980~1990년대)

초기 기대와 달리 AI는 기술적 한계와 자원 부족으로 인해 실질적인 성과를 내지 못하면서 "AI 겨울"이라 불리는 침체기를 겪었다. 그러나 1980년대 후반부터 전문가 시스템(Expert System)과 같은 응용 프로그램이 등장하며 다시 주목받기 시작했다.

현대 AI의 부흥(2000년대 이후)

2000년대 들어 컴퓨팅 파워와 빅데이터 활용이 가능해지면서 AI는 새로운 전환점을 맞았다. 딥러닝(Deep Learning)의 발전은 이미지 및 음성 인식, 자연어 처리(NLP) 등 다양한 분야에서 놀라운 성과를 가져왔다. 이 시기를 기점으로 AI는 산업 전반에 걸쳐 필수적인 기술로 자리 잡았다.

■ **머신러닝과 딥러닝: 인공지능의 핵심**

오늘날 인공지능을 논할 때 빠질 수 없는 두 가지 중요한 개념은 머신러닝(Machine Learning)과 딥러닝(Deep Learning)이다. 이들은 현대 AI 기술의 핵심이며, 각각 데이터 기반 학습과 신경망 구조를 중심으로 발전해 왔다.

■ **머신러닝(Machine Learning)**

머신러닝은 컴퓨터가 명시적인 프로그래밍 없이 데이터를 통해 학습하도록 하는 기술이다. 즉, 사람이 모든 규칙을 코딩하지 않아도 컴퓨터가 데이터를 분석하고 패턴을 찾아내어 스스로 규칙을 생성한다. 머신러닝은 지도 학습(Supervised Learning), 비지도 학습(Unsupervised Learning), 강화 학습(Reinforcement Learning) 등 여러 학습 방식으로 나뉜다.

■ **딥러닝(Deep Learning)**

딥러닝은 머신러닝의 하위 분야로, 인간 뇌의 뉴런 구조를 모방한 인공신경망(Artificial Neural Network)을 사용한다. 딥러닝은 다층 신경망(Deep Neural Network)을 통해 복잡한 데이터 패턴을 학습하며, 이미지 분류, 음성 인식, 번역 등에서 탁월한 성과를 보여 주고 있다.

GPU(Graphics Processing Unit)를 활용한 병렬 연산 기술이 딥러닝 발전에 큰 기여를 했다. 서두에도 말했듯이 인공지능은 단순히 기술적 혁신이 아니라 인간의 사고와 행동 방식을 이해하고 이를 모방하려는 과학적 도전이다. 초기에는 이론적 개념에 머물렀던 AI가 이제는 일상생활 속 다양한 영역에서 실질적인 가치를 제공하고 있다. 그러나 이러한 발전 뒤에는 여전히 해결해야 할 윤리적 문제와 사회적 도전이 존재한다. 다음 장에서는 이러한 윤리적 문제들이 왜 중요한지 살펴보며, AI 기술이 인간 중심적으로 발전하기 위해 어떤 방향성을 가져야 할지 생각해 본다.

3 인공지능과 윤리

1) AI 시대의 윤리적 도전

AI의 급속한 발전은 데이터 프라이버시, 알고리즘의 편향성, 자동화로 인한 일자리 감소 등 다양한 윤리적 문제를 야기하고 있다. 예를 들어, AI가 학습하는 데이터에 편향이 존재하면 특정 집단에 대한 차별이 발생할 수 있으며, 이는 사회적 불평등을 심화시킬 위험이 있다. AI 개발자는 투명성과 공정성을 고려하여 알고리즘을 설계해야 하며, 이에 대한 법적 · 사회적 규범이 마련되어야 한다. 특히 교육현장에서는 이를 잘 인식하여 적용해 나가야 한다.

그렇다면 왜 인공지능 윤리가 필요한가? 인공지능 기술의 발전은 사회 전반에 혁신을 가져왔지만, 동시에 윤리적 논쟁을 피할 수 없는 도전을 야기했다. 기술의 속도가 인간의 윤리적 고민을 추월하는 현실에서, AI 개발과 활용 과정에서 발생하는 문제들을 사전에 예측하고 대응하는 것이 중요해졌다.

기술 발전과 윤리적 고민의 관계를 보면, AI는 인간의 편의성을 극대화하지만, 그 이면에 의도하지 않은 편향성, 개인정보 침해, 자율성 상실 등의 위험을 내포한다. 예를 들어, 아마존의 채용 알고리즘은 여성 지원자를 체계적으로 배제하는 성별 편향성을 드러냈고, 미국의 COMPAS(범죄 예측 시스템)는 인종적 편견으로 흑인 피고인을 더 높은 위험군으로 분류한 사례가 있었다. 이처럼 AI 시스템은 학습 데이터의 편향성을 그대로 반영할 수 있으며, 개발자의 주관적

판단이 코드에 투영될 수 있다. 기술의 투명성 부족은 문제 발생 시 책임 소재를 모호하게 만들고, 사회적 불신으로 이어질 수 있다.

출처) CRDS(2023) 일부 내용 수정

[그림 1-3] **주요국의 AI 윤리원칙(출처: 유화선, 윤병성, 최희석 2024)**

▪ 인간 중심 기술 개발의 원칙

AI 윤리의 핵심은 기술을 인간의 가치와 권리에 종속시키는 것이다. 유럽연합(EU)은 《신뢰할 수 있는 인공지능 가이드라인》에서 인간의 감시와 통제, 기술적 견고성, 개인 데이터 보호를 핵심 원칙으로 제시했다.

예를 들어, 의료 분야에서 AI는 환자의 생명을 직접적으로 좌우할 수 있기 때문에 설명 가능성(Explainability)이 필수적이다. 의사가 AI의 진단 근거를 이해하지 못한다면, 오류 발생 시 책임 소재를 명확히 할 수 없다. 따라서 기술 발전과 동시에 윤리적 프레임워크를 구축하는 것이 급선무이다.

AI가 제기하는 윤리적 문제는 단일 분야에 국한되지 않는다. 기술의 복잡성과 사회적 영향력을 고려할 때, 다각도로 접근해야 한다.

첫 번째는 데이터 편향성과 공정성으로, AI 모델은 학습 데이터의 품질에 따라 결과가 결정된다. 2019년 MIT 연구팀은 얼굴 인식 시스템이 밝은 피부색을 가진 남성에 비해 어두운 피부색 여성의 오인식률이 34% 높다는 사실을 밝혔다. 이는 데이터셋 내 인종·성별 다양성 부족이 원인이다. 이렇게 편향성을 해결하기 위해선 다양성 있는 데이터 수집, 공정성 검증 알고리즘, 지속적인 모니터링이 필요하다. 예를 들어, IBM은 AI Fairness 360 툴킷을 개발해 개발자가 모델의 공정성을 측정하고 보정할 수 있도록 지원하고 있다.

프라이버시와 개인정보 보호부분에서 AI는 대량의 개인 데이터를 수집·분석함으로써 사생활 침해 우려를 증폭시킨다. 2021년 중국의 사회신용시스템은 시민의 행동 데이터를 AI로 분석해 '신용 점수'를 부여하여, 이는 감시 사회 논란을 일으켰다.

GDPR(일반개인정보보호법)은 "잊혀질 권리"를 명시하며 AI의 데이터 활용을 제한하고 있지만, 기술 발전 속도에 법제도가 뒤처지는 한계도 존재한다. 따라서 데이터 익명화 기술과 개인정보 보호 설계(Privacy by Design) 원칙이 강조되고 있다.

다음은 투명성과 설명 가능성으로, 복잡한 딥러닝 모델은 "블랙박스" 문제로 인해 의사결정 과정을 이해하기 어렵다. 2023년 챗GPT와 같은 생성형 AI는 편향적이거나 허위 정보를 생성할 수 있지만, 그 근거를 추적하는 것은 불가능에 가깝다.

EU의 《AI법(Artificial Intelligence Act)》은 고위험 AI 시스템에 대해 기술적 문서 공개, 사용자 설명 제공을 의무화하며, 이를 통해 투명성을 확보하려 노력하고 있다. 기술적 해결책으로는 LIME(Local Interpretable Model-agnostic Explanations)과 같은 XAI(Explainable AI)도구가 개발되고 있다.

마지막은 사회적 책임과 법적 공백으로, AI가 초래하는 문제는 기술적 차원을 넘어 정치·경제·문화적 영향으로 확장된다. 예를 들어, 자율주행차의 사고 발생 시 책임소재에 있어 여전히 논쟁 중이다. 현행 법체계는 AI의 자율성과 창의성을 포괄하지 못하고 있다. 따라서 새로운 법적 기준 마련과 함께, 개발자 · 기업 · 정부가 공동으로 책임을 분담하는 체계가 필요하다.

인공지능 윤리는 기술의 부작용을 사후에 수정하는 것이 아니라, 개발 단계부터 인간의 가치를 우선시하는 예방적 접근이 핵심이다. 다음 장에서는 이러한 문제를 해결하기 위한 국제적 가이드라인과 실천 전략을 심층적으로 분석할 것이다.

(출처: 유화선, 윤병성, 최희석 2024)

4 인공지능의 현주소

지능을 가진 기계 인공지능(챗GPT)이 생겨나면서 함께 생성형 AI 열풍으로 인해 각종 분야에서 AI 역할이 급속도로 확대되고 있으며 정부는 모든 국민의 AI일상화를 위한 정책 기반을 마련하는 중에 있다.

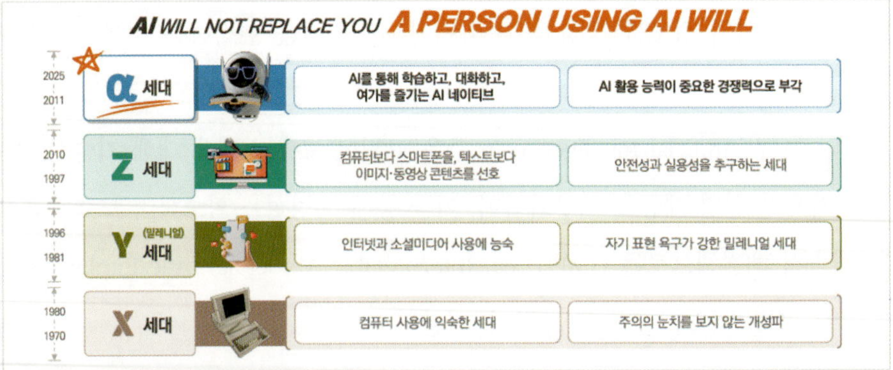

출처) NIA(2023)

[그림 1-4] 알파세대, Z세대, Y세대, X세대(출처: NIA)

인간과 인공지능의 윈윈을 위해서는 AI기술의 발전과 인간의 책임 간의 균형이 필요하며 포스트휴먼(인간의 주요한 능력이 현재의 기준과 한계를 월등히 뛰어넘는 존재이기 때문에 더 이상 인간으로 부를 수 없는 미래 인간을 의미함)이 예견됨에 따라 인간과 협업하는 AI가 신인류로 부상할 것이며 함께 공존하기 위한 방법을 모색하며 현명하게 AI를 활용해 나가야 할 것이다.

(출처: 유화선, 윤병성, 최희석 2024)

Chapter 02

챗GPT 이해와 프롬프트 기초

1 챗GPT 이해

1) 챗GPT란 무엇인가?(https://chatgpt.com/)

본 장에서는 우리가 흔히 사용하는 챗GPT에 대해서 이야기해 보고자 한다. 챗GPT는 우리가 쓰는 말을 이해하고 사람처럼 대답해 주는 컴퓨터 프로그램이다. 핸드폰이나 컴퓨터로 "오늘 날씨 어때?"라고 물어보면 바로 지역 날씨를 알려 주고, "동화 하나 들려 줘"라고 하면 재미있는 이야기를 만들어 준다. 대화가 끊기지 않게 계속 이어 갈 수도 있어서 마치 친구와 얘기하는 것 같은 느낌이 든다.

현장에서 분주한 선생님들에게 챗GPT는 특히 유용하다. 이를 실제로 경험한 교사들 중 경기도의 한 현장 교사는 "유아들 생일 축하 메시지를 20명이나 써야 했는데, 챗GPT가 각 유아의 특징에 맞게 다양한 문구를 만들어 줘서 정말 도움이 됐다"고 말한다. 서울의 한 초등학교 교사는 "3학년 과학 시간에 물의 순환 과정을 설명하는 재미있는 동화가 필요했는데, 챗GPT가 학생들 눈높이에 딱 맞는 이야기를 만들어 줬다"고 전한다.

학부모 상담을 앞둔 선생님들도 챗GPT를 활용한다. 인천의 한 중학교 교사는 "상담 전에 학생별 특징과 고민거리를 입력하니 맞춤형 상담 가이드를 제공해 줘서 더 효과적인 대화가 가능했다"고 이야기한다.

행사 준비도 한결 수월해졌다. 부산의 한 고등학교 교사는 "체육대회 진행 계획서부터 종목별 규칙 설명, 심지어 개회사까지 챗GPT의 도움을 받아 단시간에 완성했다"고 한다. 대전의 한 특수학교 교사는 "장애 학생들의 특성을 고려한 맞춤형 교육 자료가 필요했는데, 챗GPT가 각 학생의 상황에 맞는 학습지를 만들어 줘서 큰 도움이 됐다"고 말한다.

이처럼 챗GPT는 바쁜 교육 현장에서 선생님들의 업무 부담을 덜어 주는 똑똑한 비서 역할을 톡톡히 해내고 있다([그림 2-1] 참고).

양치하기 싫어하는 만3세 아이를 위해 수업시간에 들려줄 수 있는 짧은 놀이이야기를 이해하기 쉽고 재밌게 만들어줘

좋아요 시은쌤! 양치하기 싫어하는 만 3세 아이를 위한 수업시간 놀이 이야기, 귀엽고 짧고 재밌게 만들어볼게요. 아이들이 금방 따라할 수 있도록 구성하고, 중간중간 소리나 동작도 넣을 수 있게 해볼게요.

✏️ **이야기 제목: "이 닦기 싫은 아기 용, 이요용!"**

옛날 옛날, 산 속에 **아기 용 한 마리**가 살았어요.
이름은 바로... **이요용!**

이요용은 놀기도 좋아하고, 사탕도 좋아하고, 젤리도 좋아하고~
근데! 딱 하나 싫어하는 게 있었어요.

바로바로...
✏️ **양! 치! 하! 기!** ✏️

"으아앙~ 양치 싫어! 치카치카 무서워!"
이요용은 이를 닦으려 하면 **불을 뿜~!**
"퐈아아아아~~~!!!"
(아이들과 함께 "퐈아아아~" 해보세요!)

[그림 2-1] 챗GPT를 활용한 짧은 놀이 이야기 만들기

2) 교육현장에서 활용할 수 있는 방안

가) 가정통신문 초안 작성

선생님들은 매달 수많은 가정통신문을 써야 한다. 소풍, 참관수업, 방학 안내, 교육비 납부 등 종류도 다양하다. 이런 반복 작업에 챗GPT가 큰 도움이 된다. "4월 유치원 봄소풍 안내문 작성해 줘"라고 입력하면 기본 틀을 깔끔하게 만들어 주니, 여기에 우리 반 특성만 살짝 반영하면 끝이다.

챗GPT를 경험한 현장 교사는 "전에는 가정통신문 하나 쓰는 데 30분 넘게 걸렸는데, 이제는 5분이면 충분하다"고 말한다. 초등학교 교사 중 "학예회, 운동회, 현장학습 등 행사마다 다른 통신문을 만들어야 했는데, 챗GPT 덕분에 업무 스트레스가 크게 줄었다"고 전한다.

실제로 많은 선생님들이 이런 방식으로 요청한다. "5세반 봄소풍 가정통신문 초안 작성해 줘. 날짜는 4월 20일이고, 장소는 어린이대공원이야. 준비물은 물, 간식, 모자, 여벌옷이고, 비상연락처는 000-0000-0000이야."

> 5세반 봄소풍 가정통신문 초안 작성해줘. 날짜는 4월 20일이고, 장소는 어린이대공원이야. 준비물은 물, 간식, 모자, 여벌옷이고, 비상연락처는 010-1234-5678이야
>
> 시은쌤, 아래는 5세반 봄소풍을 위한 가정통신문 초안이에요. 부드러운 말투로 작성했고, 부모님이 한눈에 알아보기 쉽도록 깔끔하게 구성했어요.
>
> ---
>
> ### 🌸 5세반 봄소풍 안내 가정통신문 🌸
>
> **학부모님 안녕하세요.**
>
> 따뜻한 봄바람과 함께 아이들이 손꼽아 기다리던 **봄소풍**을 떠나려 합니다.
> 자연 속에서 친구들과 즐거운 시간을 보내며 봄을 만끽할 수 있는 소중한 하루가 될 수 있도록 아래 내용을 참고해 준비 부탁드립니다.

[그림 2-2] 챗GPT를 활용해 현장학습 안내문 만들기

이처럼 최근 유아교육 현장에서는 가정통신문 작성에 생성형 AI를 활용하는 사례가 점점 늘고 있다. AI는 문장의 흐름을 자연스럽게 구성해 주고, 빠르게 초안을 만들어 주는 데 강점을 가진다([그림 2-2] 참고).

특히 통신문 내용이 더 정확하고 체계적으로 정리된다는 평가가 많다. 필요한 항목이 빠지지 않도록 도와주며, 문장 표현도 일정한 톤으로 정리되어 읽는 이의 이해를 높인다.

또한, AI를 활용하면 통신문 작성에 걸리는 시간이 줄어들어 교사들이 유아들과 보내는 시간이 늘어나는 효과도 있다. 문서 작성에 들이는 에너지를 줄이면서도, 전체적인 업무 효율은 높아지는 것이다.

다만, AI가 생성한 문장을 무조건 사용하는 것은 바람직하지 않다. 문서의 내용과 표현은 반드시 교사가 최종 확인하고 수정하는 과정을 거쳐야 하며, 상황에 맞는 문장으로 조정하는 것이 중요하다.

나) 관찰일지 문장 아이디어 얻기

유아들의 행동을 매일 글로 기록하는 일은 생각보다 까다롭다. 비슷한 표현이 자꾸 반복되고, 유아들의 미묘한 변화나 성장을 정확한 단어로 담아내기 어려울 때가 많다. 이럴 때 챗GPT는 신선한 표현과 다양한 관점을 제공해 준다. 특히 유아의 놀이와 행동을 다양한 표현으로 기술할 수 있도록 도와주기 때문에 관찰일지를 반복적으로 작성해야 하는 유아교사에게 특히 유용하다.

많은 교사들이 공통적으로 느끼는 어려움 중 하나는 표현의 한계이다. 20명 이상의 유아를 매일 관찰하고 기록하는 과정에서 문장이 반복되거나 어휘가 제한되는 경우가 많다. 챗GPT는 같은 상황도 다양한 시각과 어휘로 바꾸어 제안해 주기 때문에, 더 풍부하고 개별화된 관찰 내용 작성이 가능하다.

예를 들어, 다음과 같은 요청을 입력할 수 있다.

“4세 남아가 블록 놀이 중 친구와 역할을 나누며 놀이한 모습을 관찰일지로 작성해 줘."

"5세 여아가 그림 그리기에 집중하다가 완성 후 친구들에게 자랑하는 모습을 발달적 관점에서 기술해 줘."

이처럼 문장을 요청하면 챗GPT는 행동의 맥락, 사회성 발달, 표현력 등을 분석적으로 담은 문장을 제시해 준다. 이를 바탕으로 교사는 직접 본 유아의 행동을 더 정밀하게 기록할 수 있다.

너는 아주 유능한 아동미술심리학자야. 이 그림에 사용된 색상. 형태. 구성 등을 분석하여 현재의 아이의 정서적 상태와 감정표현을 해석해줘.
그림을 그린 아이 : 만5세

총체적 해석

이 그림을 그린 만 5세 아이는:

- **정서적으로 안정적이고 밝으며, 대체로 만족스러운 환경에서 자라고 있는 중**일 가능성이 높아요.
- 타인과의 관계나 놀이에서 **긍정적인 감정을 느끼고 있고, 표현 욕구도 왕성**해요.
- **감정 조절력, 자기 인식 능력, 시각적 사고**가 모두 고르게 발달하고 있어요.
- 특히, **자신이 중심이 되는 활동을 즐기고, 주체적으로 세상을 바라보는 태도**를 보이고 있어요.

[그림 2-3] 챗GPT로 유아 그림 분석 결과물

또한, 부모 상담 준비에도 도움이 된다. 교사는 챗GPT를 활용해 발달 특성에 맞는 전문적인 설명을 정리할 수 있다. 상담에서 사용하는 단어와 표현이 보다 명확하고 설득력 있게 다듬어져, 학부모와의 소통이 원활해진다.

또한, 신입 교사나 실습생에게도 유익하다. 경험이 적은 교사들이 관찰 문장을 구성하는 데 어려움을 겪을 때, AI가 기본 틀을 제시해 주기 때문에 자신감을 가지고 작성할 수 있게 된다.

무엇보다 가장 큰 장점은 시간 절약이다. 관찰일지 작성 시간이 단축되면서, 교사는 유아들과의 실제 놀이와 상호작용에 더 많은 시간을 쓸 수 있다. 이는 유아교육의 본질적인 질 향상에도 긍정적인 영향을 준다.

다) 놀이계획안 구성하기

챗GPT는 현재 유아교육 현장에서 다양한 방식으로 활용되고 있다. 반복적인 주제에 새로운 아이디어가 필요할 때, 활동 구성이나 놀이계획안을 구상할 때 특히 유용하다. 예를 들어, '가을 낙엽'처럼 매년 반복되는 계절 주제를 다룰 때, 챗GPT에 "가을 낙엽 주제로 실내 활동 5가지 제안해 줘"라고 입력하면 색다른 놀이 아이디어를 받을 수 있다. 예상하지 못한 방식의 미술활동, 역할놀이, 자연물 활용 활동이 제시되어 교사 입장에서도 신선한 자극이 된다.

또한 놀이계획안을 구성할 때도 도움이 된다. "물놀이 주제로 하루 놀이계획안 짜 줘", "5세 유아를 위한 환경보호 주제 프로젝트 활동 계획안 작성해 줘"와 같은 요청을 통해 활동 시간표, 놀이 활동명, 필요한 재료 등이 정리된 결과물을 얻을 수 있다.

실내 신체활동의 경우, 공간 제약이 있는 현장에서도 활용 가능성이 높다. "실내에서 할 수 있는 신체활동 중 협동심을 기를 수 있는 놀이 3가지 알려 줘"

라고 요청하면, 간단한 준비물로 실행 가능한 활동을 제시해 준다.

이처럼 챗GPT는 단순히 활동만 제안하는 것이 아니라, 교육적 의미를 포함해 설명해 주기도 하며, 특히 역할놀이 아이디어에서 창의성이 돋보인다. '우주 탐험'이나 '동물 보호 캠페인' 같은 주제는 유아들의 흥미를 끌고, 평소 소극적인 유아들도 참여하게 만드는 계기가 되기도 한다.

이 외에도 교사들의 번아웃을 줄이는 데도 긍정적인 역할을 하고 있다. 문서 작성에 드는 시간을 줄여 주고, 자료 준비 과정에서 부담을 덜어 주기 때문이다. 특히 경력이 짧은 교사일수록 초기 준비 단계에서 큰 도움을 받을 수 있다.

활용 시 주의할 점은, 챗GPT가 제공하는 내용이 '최종 정답'이 아니라는 점이다. 제안된 아이디어를 그대로 사용하는 것이 아니라, 우리 반 유아들의 발달 수준과 관심사에 맞게 수정하고 적용하는 것이 중요하다.

라) 학부모 상담 준비

학부모 상담은 교사에게 가장 부담되는 업무 중 하나다. 유아의 장점과 함께 개선할 점도 전달해야 하며, 부모의 반응을 예측하기 어렵기 때문에 말의 순서를 신중하게 구성해야 한다.

챗GPT는 이런 상담 전에 대화의 흐름을 정리하고, 상황에 맞는 표현을 추천해 주는 도구로 활용할 수 있다. 상담 내용을 부드럽게 전달하고, 민감한 상황에서도 협력적인 분위기를 이끌 수 있도록 도와준다.

예를 들어, 다음과 같은 요청을 통해 상담 스크립트를 만들어 볼 수 있다.

"낯가림이 심한 3세 여아에 대해 부모와 상담할 때 사용할 수 있는 말투와 주제 정리해 줘."

"또래를 자주 때리는 5세 남아의 부모 상담에서, 비난하지 않고 협력을 이끌어 낼 수 있는 대화 방법 알려 줘."

"학습에 흥미가 없는 7세 아동의 부모님께 가정에서 도울 수 있는 방법을 제안하는 상담 스크립트 작성해 줘."

이처럼 구체적인 상황과 유아의 연령, 행동 특성을 함께 입력하면 챗GPT는 상담에 어울리는 말의 흐름과 표현을 자연스럽게 정리해 준다. 상담 시작 문장, 민감한 내용 전달 방법, 마지막 마무리 인사까지 전체 구조를 확인할 수 있어 미리 연습하기에도 유용하다.

또한, 상담에서 자주 나올 수 있는 예상 질문과 그에 대한 답변을 준비할 수 있도록 도와준다. 교사들은 이를 바탕으로 상담 내용에 더 집중할 수 있고, 보다 차분하고 자신감 있게 상담에 임할 수 있다. 특히 발달 지연이나 민감한 행동 문제가 있는 경우, 전문 용어를 쉬운 표현으로 바꾸어 설명하는 데에도 챗GPT가 유용하다. 학부모가 내용을 쉽게 이해할 수 있도록 문장을 정리해 주기 때문이다.

상담을 앞두고 챗GPT를 활용해 미리 대화를 구성해 보는 연습은 실전 상담에서도 큰 도움이 된다. 단순한 정보 전달을 넘어, 신뢰를 바탕으로 한 소통을 준비할 수 있는 하나의 전략이라고 할 수 있다.

2 챗GPT 활용하기

1) 챗GPT PC 버전 가입하기

[그림 2-4] 챗GPT 가입화면

챗GPT를 쓰려면 먼저 가입해야 하는데, 생각보다 훨씬 쉽다. 스마트폰이나 컴퓨터로 몇 분이면 끝낼 수 있다.

우선 인터넷 창에 'https://chatgpt.com/'을 치면 된다. 처음 방문했다면 화면에 보이는 '회원가입' 버튼을 누른다. 여기서 본인 이메일을 적고 비밀번호를 만들면 되는데, 번거롭게 느껴진다면 구글이나 마이크로소프트 계정으로 바로 로그인하는 방법도 있다. 이름과 생년월일까지 입력하면 가입 절차는 끝이다.

로그인하고 나면 바로 챗GPT와 대화를 시작할 수 있다. 화면 아래쪽에 있는 입력창에 궁금한 것을 물어보거나 도움이 필요한 내용을 적으면 된다. 처음엔 어색할 수 있지만, 몇 번 써 보면 금방 익숙해진다. 질문이 명확할수록 더 정확한 답변을 받을 수 있다는 점을 기억하면 좋다.

가) 챗GPT 구독하기

로그인하고 나면 화면 왼쪽 아래에 "플랜 업그레이드" 버튼이 눈에 띈다. 이 버튼을 누르면 유료 서비스 가입 페이지로 이동한다.

챗GPT는 무료로도 쓸 수 있지만, 모든 기능을 마음껏 활용하려면 유료 멤버십이 필요하다. 무료 회원도 처음에는 몇 가지 고급 기능을 체험해 볼 수 있지만, 사용 한도가 금방 차 버려서 본격적으로 활용하기엔 아쉬움이 남는다. 마치 무제한 데이터 요금제가 아닌 상태에서 유튜브 영상을 보는 것처럼, 항상 사용량을 신경 써야 하는 불편함이 있다.

유료 회원은 최신 AI 모델을 우선적으로 사용할 수 있고, 사진이나 이미지를 올려 분석을 요청할 수도 있다. 또 웹 검색 기능으로 최신 정보까지 답변에 포함시킬 수 있어 시사 문제나 최근 이슈에 대한 질문도 가능하다. 무엇보다 사용량 제한 없이 마음껏 질문할 수 있어 업무나 학습에 깊이 활용하려는 사람들에게는 큰 장점이다.

한 달에 커피 두세 잔 값으로 이 모든 기능을 쓸 수 있으니, 자주 사용한다면 충분히 가치 있는 투자라고 할 수 있다. 하지만 처음이라면 무료 버전으로 먼저 사용해 보고, 필요성을 느낄 때 업그레이드하는 것도 좋은 방법이다.

유료 회원만 이용할 수 있는 기능은 다음과 같다.

1. 실시간 기반 내용 답변	최신 정보나 시의성 있는 데이터를 실시간으로 제공
2. 사용 시간 제한 거의 없음	장시간 연속 사용 가능
3. 엑셀, 워드, 파워포인트 등 파일 업로드 후 분석 가능	문서 분석 및 데이터 처리 기능 활용
4. 챗봇을 자유롭게 생성 및 활용	맞춤형 AI 챗봇 제작 가능

유료 플랜을 사용하면 AI 기능을 보다 제약 없이 활용할 수 있어 업무 생산성과 효율성을 높이는 데 도움이 된다.

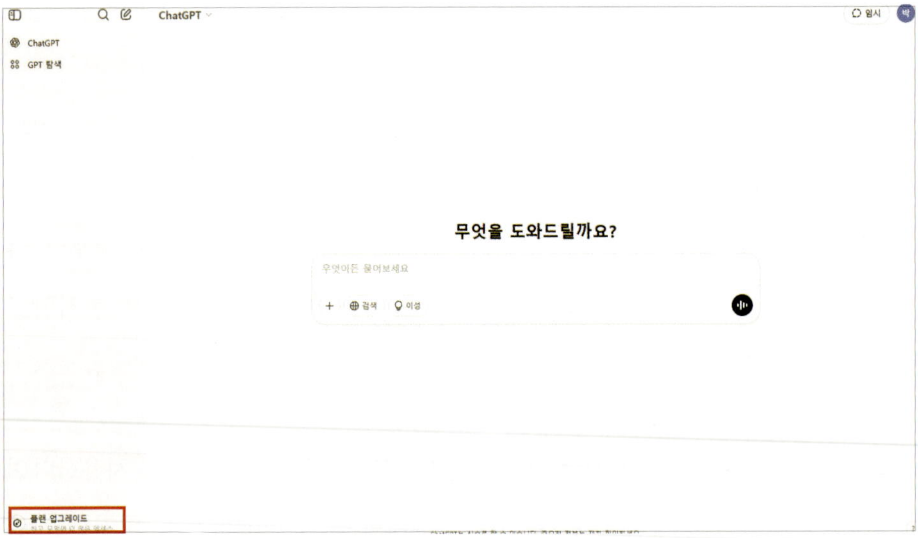

[그림 2-5] 챗GPT 플랜 업그레이드 방법

유료 서비스는 '플러스(Plus)'와 '프로(Pro)' 두 종류로 나뉜다. 금액을 지불하기 전에 각 요금제가 어떤 혜택을 주는지 꼼꼼히 비교해 보는 게 현명하다.

'플러스(Plus)'는 일반 사용자를 위한 기본 유료 요금제다. 무료 버전에서 자주 마주치는 "사용량 한도에 도달했습니다" 메시지 없이 더 많은 질문을 할 수 있다. 이미지 생성 기능도 더 많이 쓸 수 있어서 취미로 그림을 만들거나 간단한 디자인 작업에 활용하기 좋다. 학교 과제나 개인 블로그 운영, 취미 활동에 챗GPT를 쓰는 사람들에게 적당한 선택이다.

'프로(Pro)'는 AI를 업무나 전문 분야에서 활용하는 사람들을 위한 프리미엄 요금제다. 질문에 대한 응답 속도가 확실히 빨라지고, 복잡한 코딩이나 긴 문서 작성 같은 무거운 작업도 끊김 없이 처리한다. 회사에서 업무용으로 쓰거나 유튜브, 블로그 등 콘텐츠를 전문적으로 만드는 크리에이터라면 프로 요금제의 가치를 체감할 수 있다.

요금제를 고를 때는 자신의 사용 패턴을 생각해 보는 게 중요하다. 하루에 몇 번 질문하고 가끔 이미지를 만드는 정도라면 플러스로 충분하다. 그러나 매일 여러 시간 AI와 대화하며 작업하거나, 고품질 콘텐츠를 정기적으로 만들어야 한다면 프로 요금제가 시간과 스트레스를 크게 줄여 줄 것이다. 결국 자신의 시간 가치와 AI 활용도를 비교해서 결정하는 게 가장 합리적인 방법이다.

[그림 2-6] 챗GPT Plus 가입하기

나) 챗GPT 사용방법 이해하기

챗GPT 쓰는 법은 정말 쉽다. 로그인하고 나면 나타나는 화면만 봐도 대부분의 기능을 파악할 수 있다.

화면 중앙 하단에 있는 긴 입력창이 가장 중요한 부분이다. 여기에 궁금한 것을 물어보거나 도움이 필요한 내용을 적으면 된다. "내일 서울 날씨 어때?"처럼 간단한 질문부터 "중학생을 위한 환경 보호 발표 자료 만들어 줘"와 같은 복잡한 요청까지 무엇이든 입력할 수 있다.

입력창 왼쪽에 있는 '+' 버튼을 누르면 사진이나 문서를 올릴 수도 있다. 예를 들어, 수학 문제 사진을 찍어 올리면 풀이 과정을 설명해 주고, 영어 문서를 올리면 번역이나 요약을 해 준다.

화면 좌측 상단을 보면 '새 채팅' 버튼이 있어 언제든 새로운 대화를 시작할 수 있다. 그 아래로는 이전에 나눈 대화 목록이 정리되어 있어 필요할 때 다시 찾아볼 수 있다.

처음엔 간단한 질문으로 시작해서 점점 복잡한 요청으로 넘어가는 게 좋다. 질문을 구체적으로 할수록 더 정확한 답변을 받을 수 있다는 점을 기억하자. 대화는 자연스럽게 이어갈 수 있어서, 답변에 대해 추가 설명을 요청하거나 다른 방향으로 질문을 발전시킬 수도 있다.

이렇게 직관적인 구성 덕분에 컴퓨터에 익숙하지 않은 사람도 금방 사용법을 터득할 수 있다.

[그림 2-7] 챗GPT에서 대화하기

(1) 새로운 대화 시작

챗GPT는 전에 나눈 대화를 기억하는 특징이 있다. 같은 주제로 계속 물어보면 점점 더 내 상황에 맞는 답을 준다. 가령 "3세 유아들 봄 활동 알려 줘"라고 물은 뒤, "실내에서 할 수 있는 것만 자세히 알려 줘" "이 활동에 필요한 준비물도 알려 줘"라고 이어서 물으면, 챗GPT는 앞에서 했던 이야기를 생각하며 더 구체적인 답을 준다.

반대로 "봄 활동"에 대해 물어보다가 갑자기 "급식 메뉴"처럼 전혀 다른 주제로 바꾸면, 앞선 이야기가 끊겨서 답변이 엉뚱해질 수 있다. 주제마다 새 대화를 시작하는 게 좋다.

(2) 기존에 나눈 대화 목록

지난번에 나눈 대화를 다시 보고 싶을 때는 화면 왼쪽에 있는 목록에서 찾으면 된다. 예를 들어, 며칠 전에 "여름 물놀이 안전교육"에 대해 물어봤던 내용을 다시 확인하고 싶다면, 목록에서 그 대화를 누르면 된다. 이렇게 하면 같은 질문을 또 할 필요 없이, 전에 받은 답을 활용하거나 더 물어 볼 수 있다.

(3) 자료 올리고 질문하기

수업 자료나 문서를 챗GPT에 직접 올릴 수도 있다. 누리과정 지침서를 올리고 "4세 사회관계 활동만 정리해 줘"라고 물으면, AI가 그 문서에서 필요한 부분만 쏙 뽑아 준다.

학부모 설문 결과를 올리고 "우리 반 부모님들이 가장 원하는 게 뭔지 알려 줘"라고 물을 수도 있다. 이런 기능은 많은 자료를 빨리 정리하고 핵심을 파악하는 데 큰 도움이 된다.

다) 챗GPT와 대화 시작하기

질문은 화면 아래쪽에 있는 "무엇이든 물어보세요" 입력창에 적으면 된다. 예를 들어, "5세 유아들 봄 나들이 계획 짜 줘"라고 입력하면, 챗GPT는 계절에 맞는 장소, 준비물, 안전 수칙, 활동 아이디어까지 고려해서 실제로 쓸 수 있는 계획을 알려 준다.

"3세 유아들이 좋아하는 음률 활동 5가지 알려 줘"라고 물어보면 연령에 맞는 노래와 율동, 악기 놀이 같은 구체적인 활동을 제안해 준다. "학부모 상담에서 유아 발달 지연 얘기하는 방법 알려 줘"처럼 민감한 주제에 대한 조언도 구할 수 있다.

질문을 구체적으로 할수록 더 쓸모 있는 답변이 온다. "실내 활동 알려 줘"보다는 "비 오는 날 교실에서 할 수 있는 4세 대근육 활동 3가지 알려 줘"라고 물으면 상황에 딱 맞는 답을 받을 수 있다.

"만 3세 아이들이 좋아하는 음률 활동 5가지 알려줘

시은쌤, 이제 다음으로 넘어갈까요? 😊
그럼 **만 3세 아이들이 좋아하는 음률 활동 5가지**를 하나씩 소개해볼게요.
이 시기의 아이들은 **신체를 움직이면서 소리를 경험하는 걸 정말 좋아해요!**

🎵 1. 동요에 맞춰 율동하기

- 아이들이 아는 친숙한 동요(예: 곰 세 마리, 작은 별 등)에 맞춰 간단한 율동을 따라하게 해 보세요.
- 반복되는 가사와 리듬은 아이들이 안정감을 느끼고 쉽게 따라할 수 있어요.

🥁 2. 리듬 악기 놀이

- 탬버린, 마라카스, 실로폰 같은 간단한 타악기를 사용해서 리듬을 느끼며 두드리는 활동이에요.
- 간단한 "두 번 치고 멈추기" 같은 리듬 패턴을 주고 따라하게 하면 집중력과 패턴 인식 능력도 쑥쑥 자라요.

↓

[그림 2-8] 챗GPT 활용해서 음률활동 검색하기

대화를 나누다가 추가 질문을 하면 AI는 이전 대화를 참고하여 맥락을 반영한 답변을 제공한다. 같은 주제에서 더 깊이 있는 질문을 하거나, 세부적인 내용을 요청할 때는 기존 채팅창에서 이어서 질문하는 것이 좋다.

하지만 완전히 다른 주제로 전환할 경우, 기존 대화의 맥락이 영향을 줄 수 있다. 이럴 때는 좌측의 “새로고침” 버튼을 눌러 새로운 대화를 시작하는 것이 좋다. 이렇게 하면 AI가 기존 대화의 영향을 받지 않고, 새로운 맥락에서 답변을 생성하므로 더 정확하고 일관된 답변을 받을 수 있다.

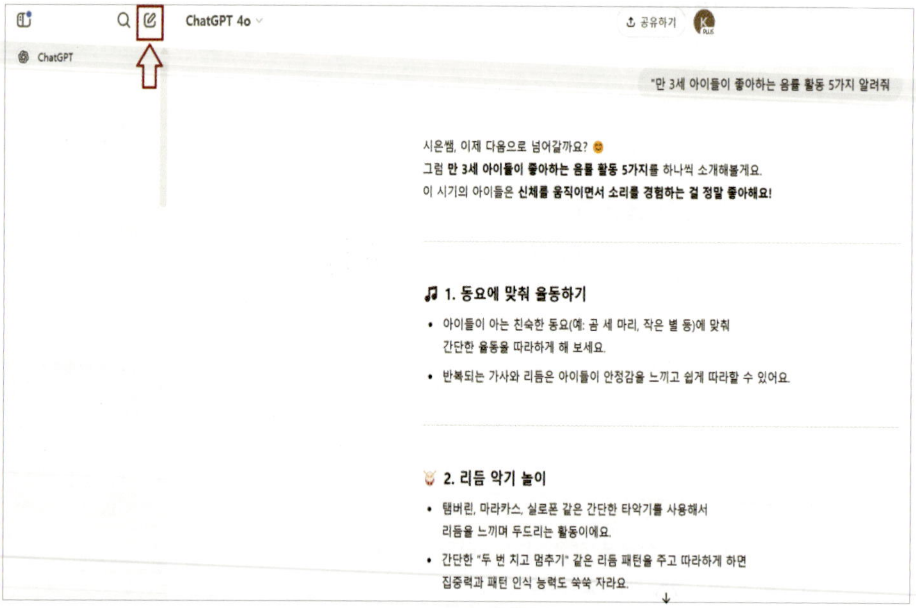

[그림 2-9] 챗GPT 새로운 대화창 생성하기

라) 파일 첨부하여 질문하기

파일을 올려서 AI에게 분석을 부탁하고 싶다면, 대화창 옆에 있는 플러스(+) 버튼을 누르면 된다. 파일은 컴퓨터에서 직접 찾아 올리거나, 구글 드라이브에 있는 것을 바로 연결할 수 있다.

올릴 수 있는 파일 종류는 이렇게 다양하다.

- ✔ 문서: PDF, 워드(DOCX), 파워포인트(PPTX), 텍스트(TXT) 파일
- ✔ 데이터: 엑셀(XLSX), CSV 같은 표 형식 파일
- ✔ 기타: 사진, 코드 파일, 압축 파일

⚠ 참고로 한글(HWP) 파일은 아직 지원하지 않아서, PDF로 바꿔서 올려야 한다.

이 기능은 현장 선생님들에게 정말 유용하다. 예를 들어, 누리과정 지침서 PDF를 올리고 "이 중에서 5세 과학 활동만 정리해 줘"라고 물어보면, AI가 문서를 읽고 필요한 부분만 쏙 뽑아 준다. 유아들 관찰일지를 모아 둔 엑셀 파일을 올리고 "이 유아의 발달 특징을 분석해 줘"라고 물어 볼 수도 있다.

행사 사진을 올리고 "이 활동의 교육적 의미를 학부모 통신문용으로 설명해 줘"라고 하거나, 다른 원의 교육계획안을 올려서 "우리 반 상황에 맞게 수정해 줘"라고 요청할 수도 있다. 이렇게 하면 문서 분석이나 자료 정리 시간을 크게 줄일 수 있어 실제 유아들과 보내는 시간이 늘어난다.

[그림 2-10] 챗GPT 파일 업로드 방법

예를 들어, "3월 관찰일지" 엑셀 파일을 올린 후, "이 자료를 보고 우리 반 유아들의 언어발달 특징을 3가지로 요약해 줘. 그리고 부족한 부분을 보완할 수 있는 활동 2개도 제안해 줘."라고 질문할 수 있다.

"누리과정 해설서"를 올리고 "이 자료에서 자유놀이 관련 내용만 뽑아서 학부모 설명회 때 쓸 수 있게 쉽게 정리해 줘."라고 요청하면, AI가 문서를 꼼꼼히 읽고 필요한 부분만 골라 학부모들이 이해하기 쉽게 설명해 준다.

"연간 교육계획안" 파일을 올리고 "이 계획 중에서 4월에 할 수 있는 바깥놀이 활동만 뽑아서 날씨별로 분류해 줘."라고 하면, 맑은 날, 흐린 날, 비 오는 날 등 상황별 활동 목록을 만들어 준다.

이렇게 자료를 올리고 구체적인 질문을 하면 일반적인 답변이 아니라, 내가 가진 자료에 딱 맞는 분석과 제안을 받을 수 있다. 그냥 "좋은 활동 알려 줘"라고 물어 볼 때보다 훨씬 실용적인 답변을 얻을 수 있어서, 교육계획 수립이나 부모 상담 준비, 보고서 작성에 큰 도움이 된다.

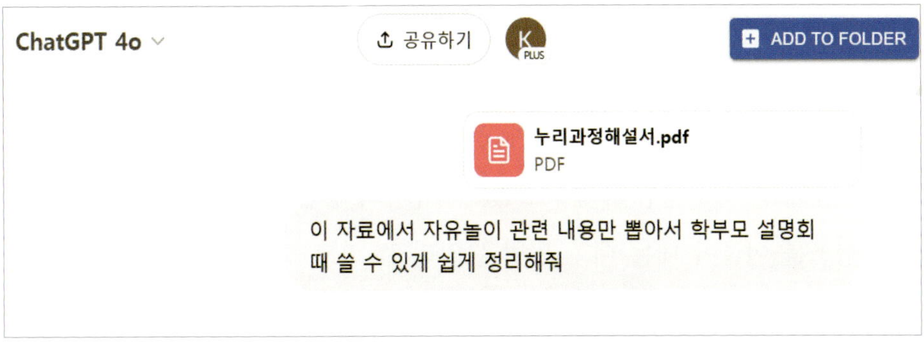

[그림 2-11] 챗GPT에서 PDF 활용하기

3 나에게 딱 맞는 프롬프트 쓰기

1) 프롬프트란?

프롬프트 엔지니어링이란 AI에게 원하는 답변을 얻기 위해 질문을 효과적으로 만드는 방법이다. AI는 우리가 물어본 내용을 바탕으로 답하기 때문에, 어떻게 질문하느냐에 따라 답변의 질이 확 달라진다.

잘 만든 질문은 더 정확하고 쓸모 있는 답변을 이끌어 낸다. 반대로 질문이 두루뭉술하면 AI의 답변도 막연하거나 내가 원하는 것과 다르게 나올 수 있다.

예를 들어, "3세 활동 알려 줘"라고 하면 너무 일반적인 답변이 나온다. 하지만 "비가 오는 날 교실에서 할 수 있는 3세 소근육 발달 활동 중에서 준비물이 적게 필요한 것 3가지만 알려 줘"라고 하면 훨씬 구체적이고 실제로 쓸 수 있는 답을 받을 수 있다.

"학부모 상담 준비"라고 막연하게 물어보기보다는 "ADHD 성향이 있는 4세 남아에 대해 학부모 상담을 앞두고 있어. 유아의 강점을 먼저 이야기하면서 부모의 협조를 이끌어 내는 대화 방법을 알려 줘"라고 하면 정말 도움되는 조언을 얻을 수 있다.

프롬프트 엔지니어링은 그냥 질문하는 게 아니라, AI를 더 똑똑하게 활용하는 핵심 기술이다. 이걸 잘 활용하면 교육계획 수립, 관찰일지 작성, 학부모 상담 준비, 행사 기획 등 선생님의 다양한 업무에서 AI의 도움을 제대로 받을 수 있다.

2) 프롬프트 이해

프롬프트를 잘 작성하면 AI가 더 정확하고 유용한 답변을 제공한다. 질문이 모호하면 AI도 애매한 답을 내놓을 수 있기 때문에, 명확하고 구체적으로, 글의 맥락을 반영해 단계별로 작성하는 것이 중요하다.

가) 명확하고 구체적으로 작성하기

AI가 정확한 답변을 하려면 질문이 분명해야 한다. 너무 일반적인 질문보다는, 필요한 정보와 조건을 포함하면 훨씬 더 좋은 답변을 얻을 수 있다.

잘된 예시	잘못된 예시
"4세 유아들을 위한 비 오는 날 실내 미술 활동 중에서 개별 활동으로 할 수 있고 뒷정리가 쉬운 것 3가지만 알려 줘." (연령, 상황, 활동 유형, 조건까지 구체적으로 명시)	"유아 활동 알려 줘" (너무 일반적이라 어떤 활동을 원하는지 알 수 없음)
"7월 더운 여름에 교실에서 할 수 있는 20명의 5세 유아들을 위한 물놀이 행사 계획을 알려 줘. 시간은 오전 10시부터 11시 30분까지이고, 물 사용량을 최소화해야 해." (인원, 장소, 시간, 제약조건까지 명확하게 전달)	"여름 행사 계획 짜 줘" (연령, 장소, 시간 등 중요한 정보가 빠져 있음)

이렇게 구체적으로 질문하면 AI는 내 상황에 딱 맞는 답변을 준다. 그냥 "활동 알려 줘"라고 하면 백과사전 같은 일반적인 답변이 나오지만, 우리 반 상황과 필요한 조건을 자세히 알려 주면 당장 써 볼 수 있는 실용적인 제안을 받을 수 있다.

나) 글의 맥락을 반영하여 작성하기

AI는 이전 대화의 맥락을 참고할 수 있기 때문에, 앞에서 나눈 내용을 반영하면서 질문하면 더욱 자연스럽고 깊이 있는 답변을 받을 수 있다.

잘된 예시	잘못된 예시
(3세 유아들의 언어발달에 대해 상담한 후) "방금 설명한 언어발달 특성을 고려해서, 그림책을 활용한 언어 촉진 활동 3가지를 알려 줄래?" (앞선 대화 내용을 바탕으로 더 깊이 있는 질문)	(봄 소풍 계획에 대해 이야기하다가) "급식 메뉴 추천해 줘." (갑자기 주제가 바뀌어 맥락이 끊긴다)

이렇게 대화의 흐름을 살려 질문하면 AI는 이전에 나눈 이야기를 바탕으로 더 맞춤형 답변을 준다. 특히 유아의 발달 상황이나 학부모 상담 같은 복잡한 주제를 다룰 때 더 효과적이다. 대화를 이어 가면서 점점 더 구체적인 조언을 얻을 수 있어 실제 상황에 적용하기 좋다.

다) 단계별로 작성하기

복잡한 질문은 한 번에 요청하기보다 단계별로 나누어 AI가 차근차근 답을 생성하도록 하면 더 정교한 답변을 받을 수 있다.

잘된 예시	잘못된 예시
1. 첫 번째 질문: "4세 유아들을 위한 연간 교육 계획에서 봄(3~5월)에 적합한 월별 주제를 추천해 줘." 2. 두 번째 질문: "방금 알려 준 4월 '지구와 환경' 주제로 주간 계획을 세우려면 어떤 활동들이 좋을까?" 3. 세 번째 질문: "그중에서 '쓰레기 분리배출' 활동을 구체적으로 진행하는 방법과 준비물을 알려 줘." (큰 주제에서 시작해 점점 세부적인 내용으로 나누어 질문)	"우리 반 유아가 또래를 자주 때리는데, 원인 분석과 대처 방법, 부모 상담 방법, 집에서 할 수 있는 활동까지 모두 알려 줘." (여러 복잡한 주제를 한 번에 요청)

이런 식으로 복잡한 문제를 작은 단계로 나누어 물어보면 AI가 각 단계에 집중해서 더 깊이 있고 실용적인 답변을 준다. 교육계획 수립이나 문제행동 지도 같은 복잡한 주제를 다룰 때 효과적이다.

3) 프롬프트 작성하는 방법

프롬프트에는 다양한 기법이 있지만, 이번에는 후카츠 프롬프트를 소개하고자 한다. 후카츠 프롬프트는 일본의 후카츠 다카유키가 개발한 기법으로, 명령문과 제약조건을 명확하게 정리하여 AI가 더 정확한 답변을 생성하도록 유도하는 것이 특징이다.

이 방식은 "무엇을 해야 하는지"를 명확히 지시하고, "어떤 조건을 지켜야 하는지"를 함께 제시함으로써 AI가 보다 구체적이고 체계적인 답변을 생성할 수 있도록 돕는다.

```
#명령문

당신은 (                    )입니다.
아래의 제약조건과 입력문을 기반으로 최고의 (              )을 작성해 주세요.

#제약조건
1.
2.

#입력문

#출력문
```

가) 역할 지정의 중요성

AI에게 특정 역할을 부여하면 그 분야에 맞는 전문적인 답변을 얻을 수 있다. 특히 교육이나 아동발달 같은 전문 지식이 필요할 때 효과적이다.

AI는 기본적으로 여러 주제에 답할 수 있지만, 특정 역할을 정해 주면 그 분야의 관점과 용어를 활용해 더 깊이 있는 조언을 준다.

예) "2세 유아 발달 지연 상담하는 법 알려 줘." (어떤 관점인지 모호함)

→ "너는 15년 경력의 아동발달 전문가야. 2세 유아의 언어발달 지연이 의심될 때, 부모 상담에서 걱정을 전달하면서도 불안감을 줄이는 대화 방법을 알려 줘."

→ 아동발달 전문가 역할을 부여해 전문적이면서도 섬세한 조언을 얻을 수 있다.

"너는 영유아 수면 전문가야. 낮잠 시간에 잠들지 않는 3세 유아들을 위한 효과적인 수면 유도 방법을 알려 줘."

→ 수면 전문가라는 역할을 부여해 더 전문적인 조언을 얻을 수 있다.

나) 글 작성 요청 시 제약조건 명확히 하기

챗GPT에게 글을 부탁할 때는 내가 원하는 방향을 정확히 알려 주는 게 중요하다. AI가 알아서 내용을 정리하는 것보다, 내가 필요로 하는 정확한 요구사항이 반영된 글을 받을 때 활용도가 훨씬 높아진다.

글을 요청할 때는 꼭 포함해야 할 내용, 강조하고 싶은 부분, 글의 목적 등을 분명하게 알려 주는 것이 좋다. 이런 내용을 '제약조건'으로 정리해서 알려 주면 AI가 이를 반영해 내 의도에 맞는 글을 만들어 준다.

* 현장 선생님을 위한 제약조건 예시

1. 꼭 포함해야 할 내용을 구체적으로 알려 준다. 예: "봄 소풍 가정통신문에 일정, 준비물, 비상연락처, 우천 시 대체 계획을 꼭 포함해 줘."

2. 강조하거나 주의할 점을 명확히 한다. 예: "유아들의 안전에 관한 내용을 특히 강조해 줘. 그리고 학부모 자원봉사자가 필요하다는 점도 눈에 띄게 해 줘."

3. 글의 스타일이나 말투를 지정한다. 예: "부모님들이 부담 없이 읽을 수 있도록 친근하고 따뜻한 말투로 작성해 줘."

4. 피해야 할 표현이나 주의사항을 알려 준다. 예: "너무 전문적인 교육용어는 피하고, 모든 부모님이 이해하기 쉬운 단어로 설명해 줘."

이렇게 제약조건을 명확히 알려 주면 내가 원하는 방향과 목적에 딱 맞는 글을 받을 수 있다. 특히 가정통신문, 학부모 상담 자료, 행사 안내문, 교육계획안 같은 글을 작성할 때 이 방법이 효과적이다. 단순히 "가정통신문 써 줘."라고 하는 것보다 훨씬 맞춤형 결과를 얻을 수 있다.

다) 입력문과 출력문

AI가 정확한 답변을 주려면 필요한 정보를 빠짐없이 알려 주는 게 중요하다. 특히 현장 선생님처럼 구체적인 상황에 맞는 도움이 필요할 때는 더욱 그렇다.

예를 들어, 행사 계획을 부탁할 때는 유아들 연령, 인원수, 장소, 시간, 예산 같은 기본 정보를 함께 알려 주면 훨씬 실용적인 제안을 받을 수 있다. 또 학부모 상담 대화법을 물어 볼 때는 유아의 특성이나 상담 목적 같은 배경 정보가 있으면 더 맞춤형 조언을 얻을 수 있다.

출력 형태도 원하는 대로 지정할 수 있다. 특별히 원하는 형식이 있다면 "표로 정리해 줘", "불릿 포인트로 간략하게 알려 줘", "가정통신문 형식으로 작성해 줘" 같이 요청하면 된다. 따로 형식을 말하지 않으면 AI가 알아서 적절히 정리해 준다.

4) 프롬프트 예시

가) 가정통신문 프롬프트 예시 및 답변

#명령문

당신은 10년 경력의 유아교육 전문가입니다.
아래 제약조건과 입력문을 바탕으로 학부모 참관수업 안내 가정통신문을 작성해 주세요.

#제약조건
1. 따뜻하고 친근한 말투로 작성해야 합니다.
2. 참관수업의 목적과 의미를 명확히 설명해야 합니다.
3. 학부모가 준비할 사항과 주의사항을 포함해야 합니다.
4. 너무 길지 않게 핵심 내용만 담아 주세요.

#입력문
1. 반 이름: 햇살반(4세)
2. 참관수업 날짜: 5월 15일 목요일
3. 시간: 오전 10:30~11:30
4. 주제: '우리 동네' 프로젝트 활동
5. 특이사항: 실내화 지참 필수, 사진 촬영 가능, 조용한 관람 부탁

#출력문

이런 식으로 구조화된 요청을 하면 AI는 정확히 내가 원하는 형태와 내용의 문서를 만들어 준다. 명령문에서는 AI의 역할을 정하고, 제약조건에서는 글의 방향과 원칙을 알려 주며, 입력문에서는 필요한 정보를 제공하고, 출력문은 결과물이 나오는 공간이다.

이 방법은 학부모 상담 시나리오 작성, 주간 교육계획안 수립, 행사 안내문 제작, 유아 관찰 보고서 작성 등 선생님들의 다양한 문서 작업에 활용할 수 있다. 복잡한 내용일수록 이렇게 구조화된 요청을 하면 훨씬 정확하고 만족스러운 결과를 얻을 수 있다.

[햇살반 학부모 참관수업 안내문]

사랑하는 햇살반 가족 여러분 안녕하세요 😊
따뜻한 봄 햇살처럼 아이들의 웃음소리가 가득한 유치원에
학부모님을 초대드릴 수 있게 되어 기쁘게 인사드립니다.

오는 **5월 15일(목) 오전 10:30~11:30**,
햇살반에서는 **'우리 동네' 프로젝트 활동**을 주제로
참관수업이 진행될 예정입니다.

이번 참관수업은 아이들이 평소 유치원에서
어떻게 놀이하고 배우는지를 직접 보실 수 있는 소중한 시간이에요.
아이들이 스스로 탐색하고 친구들과 협력하며
성장해가는 모습을 따뜻한 시선으로 지켜봐 주세요.

📌 **학부모님께서 준비해주실 사항**

- **실내화**를 꼭 지참해 주세요.
- 수업 중 **사진 촬영은 가능**하지만,
  아이들이 집중할 수 있도록 **조용히 관람**해 주시길 부탁드립니다.

아이들에게 잊지 못할 격려의 하루가 될 수 있도록
많은 관심과 참여 부탁드려요.
햇살반 교실에서 뵙겠습니다🌞

감사합니다.
햇살반 교사 드림

[그림 2-12] 챗GPT를 활용해 참관수업 안내문 만들기

나) 자료조사 프롬프트 예시 및 답변

> #명령문
> 당신은 유아교육 전문가로서, 우리 어린이집의 '자연과 함께하는 놀이' 프로젝트를 위한 자료를 조사해야 합니다. 4세 유아들에게 적합한 실외 활동, 자연물 탐색 놀이, 환경 교육 자료를 찾아 주세요.
>
> #제약조건
> 1. 누리과정과 연계된 최신 교육 자료를 중심으로 한국어로 작성해 주세요.
> 2. 유아교육 전문 사이트, 교육부 자료, 연구 논문 등 신뢰할 수 있는 출처를 명확히 표기해 주세요.
> 3. 계절(봄)에 맞는 활동이어야 하고, 실제 현장에서 적용 가능한 구체적인 놀이 방법을 포함해 주세요.
> 4. 준비물과 안전 유의사항도 함께 정리해 주세요.
>
> #출력문

이런 프롬프트를 활용하면 AI는 유아교육 전문가의 관점에서 필요한 자료를 체계적으로 정리해 준다. 특히 '자연과 함께하는 놀이'처럼 특정 주제에 대한 전문적인 정보가 필요할 때 유용하다.

실제로 이런 방식으로 요청하면 누리과정 연계 활동, 교육부 지침 자료, 유아교육 학술지 내용 등을 종합해서 정리해 주기 때문에 직접 찾아보는 시간을 크게 줄일 수 있다. 또한 출처를 명확히 표기하도록 요청했기 때문에 필요하면 원본 자료를 더 찾아볼 수도 있다.

이 방법은 새로운 프로젝트 계획을 세울 때, 특별활동을 준비할 때, 부모교육 자료를 만들 때 등 다양한 상황에서 활용할 수 있다. 예를 들어, '미술 활동', '감정 조절 놀이', '언어발달 촉진 활동' 같은 주제로 바꿔서 필요한 자료를 요청할 수 있다.

무엇보다 제약조건에서 '실제 현장에서 적용 가능한' 활동을 요청했기 때문에 이론적인 내용보다는 당장 교실에서 써 볼 수 있는 실용적인 정보를 얻을 수 있다는 장점이 있다.

🌱 1. 실외 활동: '봄꽃 탐방과 꽃잎 놀이'

활동 목표:

- 봄철에 피는 다양한 꽃을 관찰하며 자연의 변화를 느껴요.
- 꽃잎을 활용한 놀이로 창의성과 감수성을 키워요.

활동 방법:

1. **산책하기:**
   유치원 주변이나 가까운 공원에서 봄꽃을 찾아 산책해요.
   아이들과 함께 벚꽃, 개나리, 진달래 등 다양한 꽃을 관찰하며 색깔과 모양을 이야기해요.
2. **꽃잎 모으기:**
   떨어진 꽃잎을 모아보아요.
   (주의: 나무에 달린 꽃을 따지 않도록 지도해 주세요.)
3. **꽃잎 놀이:**
   모은 꽃잎으로 **꽃잎 비누방울 놀이**를 해보아요.
   비누방울 액에 꽃잎을 넣어 불면, 꽃잎이 함께 날아가며 아름다운 장면을 연출해요.

준비물:

- 비누방울 액과 불대
- 작은 바구니나 봉투 (꽃잎 모으기 용)

안전 유의사항:

- 산책 시 도로변은 피하고 안전한 경로를 선택해 주세요.
- 알레르기가 있는 아이는 꽃가루에 노출되지 않도록 유의해 주세요.

[그림 2-13] 챗GPT로 실외활동 계획안 생성하기

Chapter

03

업무 효율화를 위한 생성형 AI 활용이해

교사의 하루는 생각보다 짧다. 유아들의 놀이를 준비하고, 문서를 작성하고, 학부모와 소통까지 해야 한다. 준비물 하나에도 신경 써야 하고, 유아가 다치는 일은 없어야 하며, 집에 돌아간 뒤에도 해야 할 일이 남아 있다.

이처럼 바쁜 일상을 보내는 교사들에게 생성형 AI 도구는 '업무 시간을 줄이고, 생각을 정리해 주는 도우미' 역할을 해 준다. 글을 처음부터 끝까지 대신 써 주는 것이 아니라, 아이디어를 정리하고 초안을 만들어 주는 데 도움을 주기 때문에, 생각을 글로 바꾸는 과정을 훨씬 더 수월하게 만들어 준다.

3장에서는 유아교육 현장에서 자주 쓰일 수 있는 생성형 AI 도구들을 소개한다. 각각의 도구가 가진 특징과 기능을 살펴보고, 실제로 어떤 상황에서 유용한지 쉽게 설명한다.

이 장에서 다룰 주요 도구는 다음과 같다.

1. 뤼튼(Wrtn)
   → 한국어 기반 글쓰기 AI 도구이다. 가정통신문, 행사 안내문, 부모 소식지 작성에 유용하며 무료로 사용할 수 있다.

2. 제미나이(Gemini)
   → 구글이 만든 AI 도구이다. 글쓰기, 요약, 이미지 검색 등 다양한 기능이 통합되어 있어 교사의 전반적인 문서 작업을 도와주며 역시 무료로 사용할 수 있다.

3. 퍼플렉시티(Perplexity)
   → 검색과 요약에 특화된 AI 검색 도구이다. 교육 자료 조사나 보고서 준비에 적합하다.

이 도구들은 각기 다른 장점을 가지고 있다. 어떤 도구는 글쓰기에 강하고, 어떤 도구는 정보 수집이나 정리에 더 적합하다. 중요한 것은 자신의 업무에 맞게 필요한 도구를 골라 쓰는 것이다. 생성형 AI가 업무를 줄여 주는 데 어떻게 활용될 수 있는지, 그리고 각 도구가 어떤 상황에 가장 적합한지 알게 될 것이다. 기술을 두려워하기보다, 현명하게 잘 활용한다면 우리에게 중요한 도우미가 될 것이다.

1 한국형 챗GPT, 뤼튼(Wrtn) 쉽게 이해하기

생성형 AI는 외국에서 만든 것만 있는 게 아니다. 뤼튼(Wrtn)은 우리나라에서 개발한 글쓰기 AI 도구로, 모든 메뉴가 한글로 되어 있어 AI를 처음 써 보는 선생님들도 쉽게 시작할 수 있다.

회원가입만 하면 바로 쓸 수 있고, 글을 쓰는 기본 창 하나만 익히면 금세 활용할 수 있다. 특히 현장 선생님들이 매일 씨름하는 문서 작업을 훨씬 수월하게 해결할 수 있다는 게 큰 장점이다.

뤼튼(Wrtn)은 유아교육 현장에서 자주 작성하는 다양한 문서 초안을 빠르게 만들 수 있도록 돕는다. 특히 주간 계획안, 상담용 대화 스크립트, 행사 안내문, 가정통신문, 관찰일지 등 반복적으로 작성해야 하는 글을 준비할 때 유용하다.

예를 들어, "3세 여름 물놀이 행사 안내문 작성해 줘"라고 입력하면, 필요한 내용을 포함한 글 초안을 자동으로 만들어 준다. 여기에 어린이집 또는 유치원의 세부 일정이나 반 특성만 조금 추가하면 문서가 완성된다.

매주 반복되는 주간 계획안 초안은 5분 이내로 빠르게 생성할 수 있어, 글쓰기 시간과 업무 부담을 줄이는 데 효과적이다. 또한, 학부모 상담 전 준비 자료로도 활용할 수 있다. 유아의 특성에 맞는 대화 흐름이나 상담 표현을 요청하면, 상황에 적합한 말투와 내용으로 상담을 준비할 수 있도록 구성해 준다. 이를 통해 교사는 보다 체계적이고 자신감 있는 상담 진행이 가능해진다.

무엇보다 뤼튼(Wrtn)은 한글로 자연스럽게 대화할 수 있는 AI 도구이기 때문에, 영어에 부담을 느끼는 교사들도 쉽게 활용할 수 있다. 별도의 번역 과정 없이도 질문과 응답이 모두 한국어로 이루어져, 접근성과 실용성이 높다.

이처럼 뤼튼(Wrtn)은 글쓰기에 익숙하지 않은 초임 교사부터, 바쁜 일정을 소화하는 경력 교사까지 모두에게 도움이 되는 실용적인 글쓰기 도우미라고 할 수 있다.

1) 뤼튼(Wrtn) PC버전 가입하기(https://wrtn.ai/)

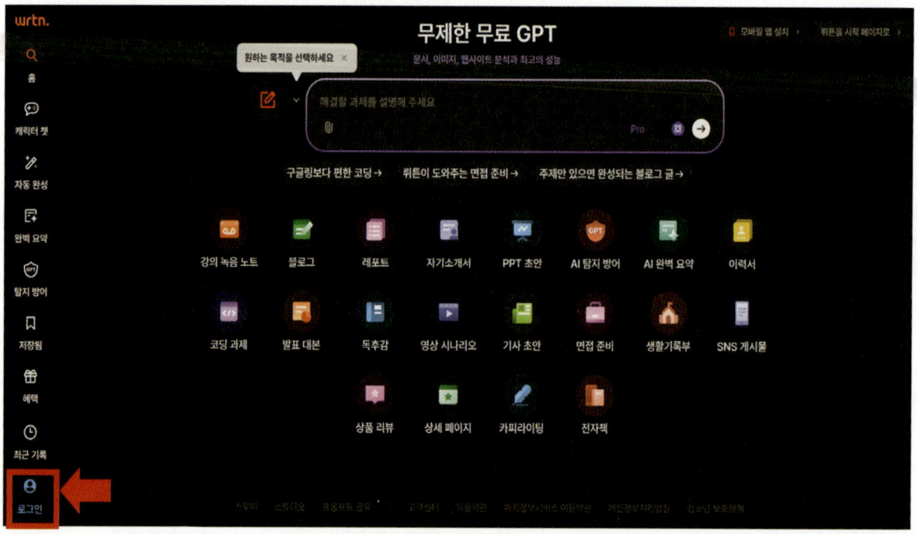

[그림 3-1] 뤼튼(Wrtn)으로 로그인하기

뤼튼(Wrtn)을 쓰려면 먼저 회원가입을 해야 한다. 다행히 무료로 가입할 수 있어 부담이 없다. 컴퓨터나 스마트폰으로 뤼튼(Wrtn) 사이트에 접속한 후, 화면 왼쪽 아래에 있는 로그인 버튼을 누르면 된다.

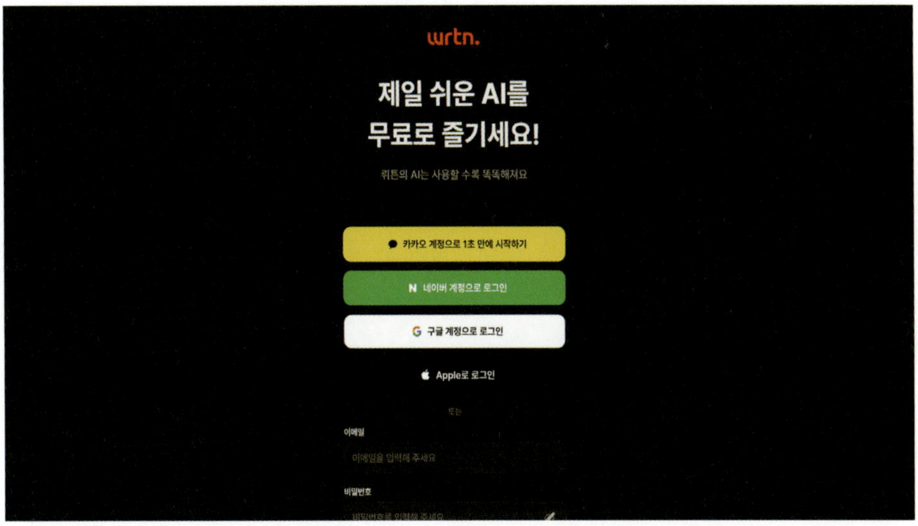

[그림 3-2] 뤼튼(Wrtn) 로그인

처음 방문한 경우라면 회원가입 화면으로 넘어가 이메일과 비밀번호를 입력하면 바로 시작할 수 있다. 소셜 계정으로도 간편하게 가입할 수 있어 번거로운 절차 없이 빠르게 이용할 수 있다.

2) 뤼튼(Wrtn) 활용하기

뤼튼(Wrtn)은 단순한 글쓰기 도구를 넘어 검색, 이미지 제작, 업무 정리까지 도와주는 종합 AI 플랫폼이다. 특히 현장 선생님들에게 필요한 정보와 자료를 쉽게 찾고 정리할 수 있어 업무 부담을 크게 줄여 준다.

a. AI 검색, 질문하면 답해 주는 똑똑한 도우미

뤼튼(Wrtn)의 검색은 일반 포털과 다르다. 링크 목록을 나열하는 게 아니라, 질문에 대한 핵심 정보를 깔끔하게 정리해 보여 준다.

“3세 유아의 정서 발달 특징 알려 줘”라고 물으면, 여러 자료를 종합해 이해하기 쉬운 문장으로 정리된 답을 준다. 출처도 함께 표시되어 더 자세히 알고 싶을 때 확인할 수 있다.

b. AI 이미지, 간단한 그림이 필요할 때

교육계획안에 넣을 삽화가 필요하거나 환경 교육 활동지에 쓸 그림 등이 빠르게 필요할 때 만들어서 사용할 수 있는데, 이미지 생성 시에는 원하는 그림을 구체적으로 설명하는 게 중요하다. 아직은 글보다 정확도가 떨어질 수 있어 보조 용도로 활용하는 게 좋다.

c. AI 과제와 업무, 문서 작성의 시작점

뤼튼(Wrtn)은 글쓰기가 어려워도 업무용 문서를 쉽게 시작할 수 있게 도와준다. 완벽한 글을 만들기보다 생각을 정리하고 뼈대를 잡는 데 효과적이다.

매달 작성하는 운영 보고서 초안을 뤼튼(Wrtn)에 부탁하고 내용만 보완하거나 학기 초 교육계획 수립 시 도움을 받으면 좀 더 체계적이고 빠르게 완성할 수 있다.

이처럼 뤼튼(Wrtn)은 교사들이 생각을 정리하고 문서를 빠르게 만드는 데 도움을 주는 실용적인 도구다. 처음엔 간단한 요청부터 시작해 점점 다양한 업무에 활용해 보는 것이 좋다.

▪ AI 검색

뤼튼(Wrtn)의 검색은 네이버나 구글과는 완전히 다르다. 링크 목록만 주르륵 나열하는 게 아니라, 질문에 대한 핵심 정보를 쏙쏙 뽑아 글로 정리해 준다.

예를 들어, '4세 유아들의 또래 관계 발달 특징이 뭐야?'라고 물으면, 여러 교육 자료와 연구 결과를 종합해 이해하기 쉬운 문장으로 정리된 답을 바로 보여준다. 게다가 정보 출처도 함께 표시되어 있어, 더 깊이 알고 싶을 때 해당 자료를 찾아볼 수 있다.

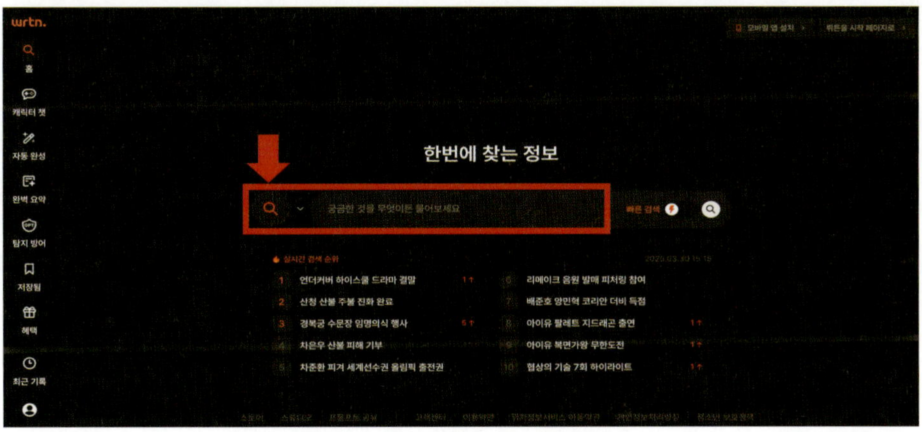

[그림 3-3] 뤼튼(Wrtn)에서 검색하기

뤼튼(Wrtn) 검색은 졸업식처럼 매년 반복되지만 늘 새로움을 고민해야 하는 행사 준비에 특히 유용한 도구이다. '유아교육기관 졸업식 행사 아이디어 모아줘'와 같은 질문을 입력하면, 행사 구성안부터 유아들이 참여할 수 있는 프로그램까지 한 번에 정리된 정보를 제공받을 수 있다.

예를 들어, '추억 영상 만들기', '유아들이 직접 준비하는 공연', '부모님께 감사 편지 전달하기'와 같은 실용적인 아이디어들이 함께 제안된다. 이런 내용은 실제 행사 기획 단계에서 바로 적용할 수 있어 준비 시간을 줄이고 완성도를 높이는 데 도움이 된다.

졸업식의 순서만이 아니라 장식 아이디어, 사진 촬영 팁, 선물 추천까지 다양한 측면에서 아이디어를 제시해 준다. 덕분에 졸업식이 더 풍성하고 의미 있는 행사로 거듭날 수 있다.

교사 간 회의 준비에도 효과적이다. 졸업식 아이디어를 미리 정리해 공유하면 회의 시간이 절반으로 줄어드는 등, 협업 과정에서도 효율을 높일 수 있다.

이 외에도 뤼튼(Wrtn)은 체험학습 계획, 학부모 참여 수업, 계절 행사처럼 정기적으로 준비해야 하는 다양한 활동에 필요한 자료를 빠르게 찾을 수 있게 해 준다. '3세 여름 물놀이 활동', '학부모 상담 준비물', '연령별 미술 활동 차이점'처럼 구체적인 질문에도 현장 중심의 실용적인 답변을 제공하기 때문에, 바쁜 유아교육기관 선생님들에게 매우 유익한 도구다.

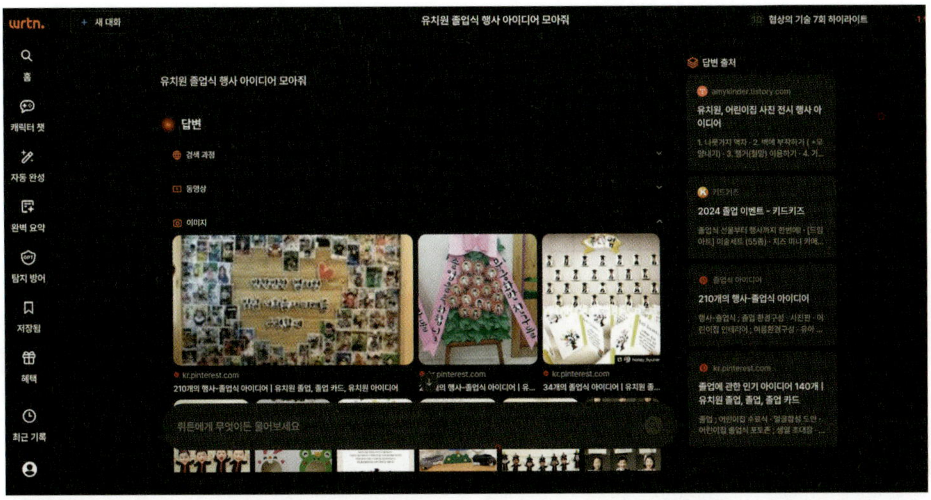

[그림 3-4] 뤼튼(Wrtn)으로 행사 아이디어 얻기

뤼튼(Wrtn) 검색은 현장 선생님들이 일상 업무 속에서 정보를 빠르고 정확하게 찾을 수 있도록 돕는 실용적인 도구이다. 단순한 검색 기능을 넘어, 관련 주제를 더 넓고 깊게 탐색할 수 있게 구성되어 있다는 점이 특징이다.

검색 결과 하단에는 방금 찾은 주제와 연결된 추가 질문이 자동으로 생성된다. 예를 들어, '3세 유아들 분리불안 대처법'을 검색하면, 하단에 '분리불안이 심한 아이 적응 프로그램은?', '등원 시 울음이 심한 아이 달래는 방법은?', '부모님께 분리불안 설명하는 방법은?'과 같은 질문이 함께 제시된다. 이 기능을 활용하면 처음 생각하지 못했던 정보까지 자연스럽게 확인할 수 있어 실무에 큰 도움이 된다.

검색 결과 오른쪽에는 해당 내용을 만들 때 참고한 출처가 명확하게 표시된다. 교육부 자료, 학술 논문, 공신력 있는 사이트 등이 출처로 함께 제공되기 때문에, 교육계획안 작성이나 학부모 상담 자료 준비 시에도 신뢰할 수 있는 내용을 자신있게 인용할 수 있다.

이처럼 뤼튼(Wrtn) 검색은 한 가지 질문에서 시작해 필요한 정보를 체계적으로 확장해 나갈 수 있도록 도와준다. 바쁜 현장에서 시간을 절약하면서도 정확한 정보를 얻고 싶은 선생님들에게 매우 유용한 도구다.

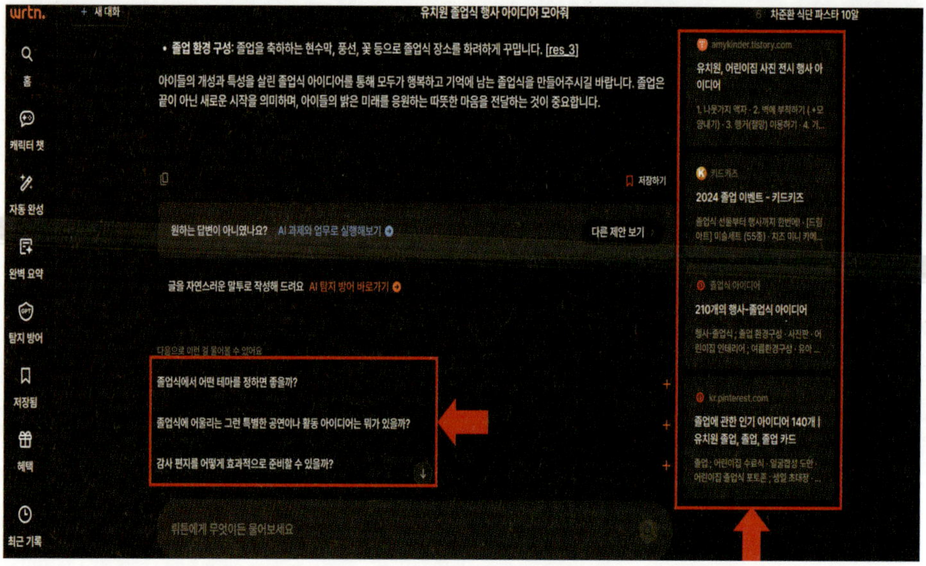

[그림 3-5] 뤼튼(Wrtn) 검색 결과

■ AI 이미지

뤼튼(Wrtn)에는 간단한 이미지 만들기 기능도 있다. 아직 포토샵처럼 복잡한 기능은 없지만, 활동지나 안내문에 필요한 기본적인 그림은 쉽게 만들 수 있다.

"교실에서 블록 쌓기 놀이하는 3세 유아들 그림 만들어 줘" 같은 설명을 입력하면, 그에 맞는 이미지가 바로 생성된다. 미술 활동지에 들어갈 과일 그림이 필요할 때 지금까지는 검색을 했다면 이제는 뤼튼(Wrtn)으로 금방 만들어서 쓸 수 있다.

[그림 3-6] 뤼튼(Wrtn) 이미지 업로드하기

가) 현장교사를 위한 활용 예시

(1) 교실 환경 구성용

쌓기놀이, 역할놀이, 미술, 휴식 공간 등 교실의 각 영역을 표시하는 귀여운 일러스트를 만들 수 있다. 예를 들어, '쌓기놀이 영역 표시용 블록 그림', '화장실 사용 순서 안내 그림', '계절별 역할놀이 안내 이미지' 등을 요청하면 교실 분위기에 맞는 이미지를 바로 활용할 수 있다. 계절이나 주제에 따라 바꿔 주면 유아들의 흥미와 집중도도 높아진다.

예시 프롬프트

영역 표시용 그림	귀여운 블록 모양 일러스트. '쌓기놀이 영역'이라는 글씨가 함께 들어간 유아 교실 안내판 스타일 미술놀이 공간을 나타내는 알록달록한 크레용, 물감, 붓 그림. 따뜻하고 아기자기한 느낌 인형과 주방놀이 장난감이 함께 있는 그림. '역할놀이 영역'이라는 표지판 디자인용, 파스텔톤 배경
생활습관 · 이용 안내 그림	유아가 화장실 문 앞에서 차례를 지키는 모습. 밝고 명랑한 톤 손을 씻는 유아의 일러스트. 단계별로 '물 틀기 → 비누 묻히기 → 문지르기 → 헹구기 → 닦기' 순서가 아이콘처럼 표현된 그림
계절 · 주제 연계 이미지	가을 역할놀이 영역 안내판. 낙엽과 텐트, 미니 캠핑 용품이 배경 봄 주제 역할놀이 공간 안내 이미지. 꽃바구니, 돋보기, 곤충책 등을 들고 탐색하는 유아들 일러스트 겨울 교실 환경구성용 이미지. 눈사람, 목도리한 유아들, 따뜻한 실내 배경

[그림 3-7] 뤼튼(Wrtn) 프롬프트 넣기

[그림 3-8] 뤼튼(Wrtn)으로 이미지 생성하기

(2) 교육 활동 자료

수업 시간에 활용할 삽화나 활동지를 직접 제작할 수 있다. '봄 꽃 관찰 기록지용 꽃 그림', '건강한 음식 vs 건강하지 않은 음식 이미지', '감정 표현을 위한 다양한 표정 그림' 등 수업 주제에 맞는 이미지를 구체적으로 요청하면 맞춤형 자료를 바로 만들 수 있다. 유아들의 시각적 이해를 돕고 참여도를 높이는 데 효과적이다.

계절 관찰 · 자연 주제	봄꽃 관찰 활동지용 꽃 일러스트. 개나리, 민들레, 벚꽃, 튤립이 각각 따로 그려진 귀여운 그림, 흰 배경 나뭇잎이 자라는 과정을 보여 주는 4단계 그림. 씨앗 → 새싹 → 잎이 자람 → 나무가 되는 과정, 아기자기한 느낌
음식과 건강 관련 자료	건강한 음식과 건강하지 않은 음식을 비교하는 이미지. 왼쪽엔 채소, 과일, 물, 오른쪽엔 과자, 탄산음료, 햄버거. 각 항목에 귀여운 얼굴 표정 추가 음식 분류 활동용 삽화. 유아가 좋아할 만한 음식 그림 10가지, 흰 배경에 선명한 색상, 스티커처럼 활용 가능
감정 표현 · 사회성 활동 자료	유아의 다양한 감정을 표현한 얼굴 그림 모음. 기쁨, 슬픔, 화남, 놀람, 무서움, 지루함. 둥근 얼굴에 표정만 다르게 표현한 일러스트 친구와 사이좋게 지내는 장면 그림. 장난감을 나누는 유아들, 함께 책을 보는 모습, 따뜻하고 부드러운 색감
수업 활동지용 간단 삽화	유아용 미로 찾기 활동지 삽화. 귀여운 토끼가 당근을 찾아가는 간단한 미로 그림, 흑백 선화 스타일 같은 그림 찾기 활동을 위한 이미지. 사과, 딸기, 바나나, 오렌지 그림을 두 번씩 배치한 컬러 삽화, 유아들이 눈으로 비교할 수 있도록 큼직하게 그린 스타일

[그림 3-9] 뤼튼(Wrtn)으로 이미지 생성하기

(3) 가정통신문과 안내장

학부모에게 전달하는 문서에도 시각 자료를 활용하면 전달력이 훨씬 좋아진다. '소풍 안내장용 공원 그림', '어린이날 행사에 어울리는 축제 이미지', '건강검진 안내에 들어갈 의사와 유아 일러스트' 등 요청이 가능하다. 그림이 포함된 안내장은 학부모들의 관심과 반응을 높이는 데 도움이 된다.

행사 안내용 이미지	어린이날 축제 분위기의 일러스트. 풍선, 무대, 색종이 폭죽, 웃고 있는 유아들로 구성된 밝고 즐거운 그림 유치원에서 열리는 작은 운동회 장면. 달리기하는 유아들, 응원하는 가족, 플래카드 없이 깔끔한 배경
건강검진 · 생활지도 안내용 이미지	의사 선생님이 청진기를 들고 유아와 이야기하는 장면. 병원 배경, 따뜻하고 편안한 분위기, 흰 배경 중심 손 씻는 유아의 그림. 흐르는 물, 비누, 해맑은 표정의 유아, 흑백 선화 버전도 함께 활용 가능 양치질하는 유아들의 일러스트. 칫솔, 컵, 거울 앞에서 양치 중인 두세 명의 유아들
계절 관련 소식지용 이미지	봄철 유치원 풍경. 꽃이 핀 화단, 뛰노는 유아들, 파스텔톤 배경의 따뜻한 봄 느낌 일러스트 겨울철 실내 놀이 모습. 유아들이 방 안에서 책을 읽고, 블록을 쌓으며 노는 장면. 코트나 장갑 없이 실내복 차림

의사 선생님이 청진기를 들고 유아와 이야기하는 장면. 병원 배경, 따뜻하고 편안한 분위기, 흰 배경 중심

답변

이미지를 다음과 같이 그려봤어요!

[그림 3-10] 뤼튼(Wrtn)으로 건강검진 관련 이미지 생성하기

(4) 특별 행사 및 기념일 이미지

졸업식, 생일, 크리스마스 등 특별한 날에 어울리는 이미지를 제작할 수 있다. '졸업식 현수막용 5세 유아들 그림', '생일 축하 포스터 이미지', '파티 초대장에 쓸 크리스마스 그림' 등 다양한 요청이 가능하다. 이런 이미지들은 행사 분위기를 풍성하게 해 주고 유아들에게도 특별한 기억을 남길 수 있다.

졸업식 관련 이미지	졸업 가운을 입은 5세 유아들이 손에 꽃을 들고 웃고 있는 모습. 풍선과 꽃장식이 배경인 일러스트, 밝고 따뜻한 분위기 졸업식 무대 위에서 상장을 받는 유아 일러스트. 교사와 함께 사진 찍는 장면, 파스텔톤 배경, 귀여운 유아 스타일
생일 축하 이미지	생일 케이크 앞에서 촛불을 끄는 유아 그림. 친구들이 둘러서서 박수 치는 장면, 색감은 알록달록하고 환한 느낌 유아들이 생일 파티 모자를 쓰고 모여 앉아 간식을 먹는 모습. 장식 풍선, 케이크, 선물이 배경에 있는 따뜻한 일러스트
크리스마스 행사 이미지	산타 모자를 쓴 유아들이 트리 앞에서 선물을 받는 장면. 눈 내리는 겨울 배경, 부드럽고 귀여운 일러스트 스타일 크리스마스 파티 장면. 유아들이 쿠키를 만들고 트리를 꾸미는 모습, 실내 공간 배경에 따뜻한 조명 효과

[그림 3-11] 뤼튼(Wrtn)으로 크리스마스 행사 이미지 생성하기

(5) 관찰일지 및 포트폴리오용 이미지

유아들의 발달 과정을 시각적으로 설명하는 데에도 유용하다. '블록 쌓기 발달 단계 그림', '미술 활동 결과물 설명용 이미지', '또래 관계 발달 과정 그림' 등을 만들 수 있어, 관찰일지나 상담자료의 이해도를 높일 수 있다. 학부모와의 소통에서도 큰 도움을 준다.

나) 활용 팁과 주의사항

구체적인 요청이 중요하다. 원하는 그림이 한 번에 딱 나오지 않을 수 있다. "밝은 색감의", "따뜻한 느낌의", "단순한 선으로 된", "귀여운 캐릭터 스타일의" 같은 표현을 추가하면 더 원하는 스타일에 가까운 그림을 얻을 수 있다. 예를 들어, "2세 유아들이 이해하기 쉬운 단순한 스타일의 손 씻기 순서 그림 4컷"처럼 구체적으로 요청하는 게 좋다.

여러 번 시도해 본다. 첫 번째 결과가 마음에 들지 않으면 비슷한 요청을 약간 다르게 해 보는 것도 방법이다. "유아들이 줄을 서서 걷는 모습"이 마음에 들지 않으면 "귀여운 만화 스타일로 유아들이 한 줄로 걷는 모습"처럼 조금씩 표현을 바꿔 볼 수 있다.

적절한 용도로 활용한다. 아직은 글보다 이미지 생성 품질이 조금 떨어질 수 있어, 중요한 공식 자료보다는 일상적인 교실 자료나 활동지용으로 활용하는 것이 좋다. 특히 유아들의 흥미를 끌거나 시각적 이해를 돕는 보조 자료로 활용하면 효과적이다.

이렇게 뤼튼(Wrtn)의 이미지 기능은 그림 실력이 없어도, 디자인 프로그램을 몰라도 필요한 시각 자료를 빠르게 만들 수 있어 바쁜 현장 선생님들의 업무 부담을 한결 덜어 준다. 특히 매일 새로운 활동과 자료가 필요한 교육 현장에서 시간을 절약하면서도 시각적으로 풍성한 환경을 만드는 데 큰 도움이 된다.

3) AI 과제와 업무

유아교육현장 교사에게 글쓰기 업무는 빠질 수 없는 일이다. 가정통신문, 행사 안내문, 관찰일지, 주간 계획안까지 매주, 매달 반복적으로 작성해야 한다. 이럴 때 뤼튼(Wrtn)을 활용하면 글의 시작이 훨씬 쉬워진다.

AI 과제와 업무는 선생님이 해야 할 글의 초안을 빠르게 만들어 주는 도구다. 글을 완성해 주는 것이 아니라, 기본 뼈대를 먼저 잡아 주기 때문에 내용을 보고 조금만 고치면 바로 사용할 수 있다.

가장 큰 장점은 복잡한 설정 없이 그냥 자연스럽게 말하듯 요청하면 된다는 점이다. 그리고 글뿐만 아니라 파일 업로드 기능을 통해 자료를 함께 넣어 두면, 더 정확하고 관련 있는 글을 만들어 준다.

가) 파일 업로드 후 질문하기

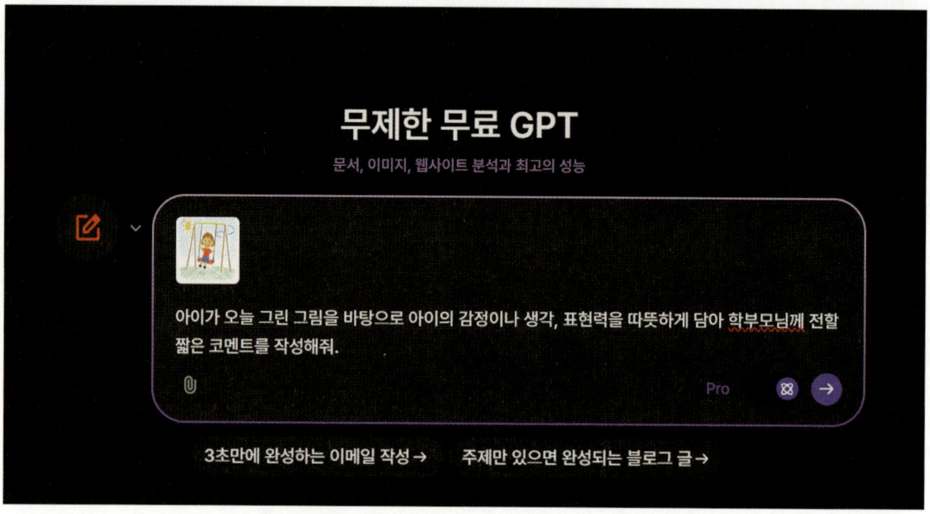

[그림 3-12] 뤼튼(Wrtn)에서 파일 업로드 후 질문하기

유아들이 그린 그림은 그 자체로 중요한 표현이자 기록이다. 하지만 때로는 그림 속 의미를 정확히 파악하기 어렵거나, 발달적인 해석이 필요한 상황이 생기기도 한다.

이럴 때는 뤼튼(Wrtn) 이미지 업로드 기능을 활용하면 큰 도움이 된다. 사용 방법은 간단하다. 챗GPT처럼 클립 버튼을 눌러 그림 이미지를 올린 다음, 예를 들어 질문하면 된다.

“이 그림에서 4세 유아의 발달 특성을 분석해 줘”, “이 그림에 대해 학부모에게 전달할 코멘트를 써 줘”, “유아가 오늘 그린 그림을 바탕으로 유아의 감정이나 생각, 표현력을 따뜻하게 담아 학부모님께 전할 짧은 코멘트를 작성해 줘”와 같이 질문하면 된다.

AI는 유아의 그림 속에서 드러나는 상상력, 정서, 표현력, 그리고 발달 상태 등을 다양한 관점에서 해석해 주며, 이 분석 결과를 바탕으로 선생님은 좀 더 깊이 있고 따뜻한 피드백을 학부모에게 전달할 수 있다.

특히 매주 여러 명의 유아 그림에 코멘트를 작성해야 하는 경우, 시간 부담을 줄이고 유아마다 다른 특징을 놓치지 않게 도와준다. 또한, 이미지 업로드 기능은 그림뿐 아니라 다양한 교실 상황에도 활용할 수 있다.

[그림 3-13] 뤼튼(Wrtn)으로 학부모님께 전할 짧은 코멘트 작성하기

나) 문서 초안작성

하루에도 수차례 다양한 놀이와 상호작용이 이루어지는 현장에서는 유아들을 관찰하고 기록하는 일이 매우 중요하다. 하지만 매일 여러 명의 관찰일지를 작성하는 건 선생님들에게 큰 부담이 될 수 있다. 이럴 때는 뤼튼(Wrtn)을 활용하여 관찰일지 초안을 작성한다면 도움이 될 것이다.

"3세 여아가 블록놀이를 하며 친구와 대화를 나누는 모습을 관찰일지 형식으로 작성해 줘"처럼 요청하면 실제 현장에서 쓰는 형식 그대로의 관찰일지를 만들어 준다.

간단히 메모해 두었던 상황을 뤼튼(Wrtn)에 입력하면, 전문 용어와 발달적 해석이 포함된 문장으로 자연스럽게 바뀐다. 표현이 반복되지 않게 다양한 방식으로 문장을 제시해 주기 때문에, 관찰일지가 더 풍성하고 깊이 있는 내용으로 채워진다.

예를 들어, "현준이(4세)가 그림 그리기를 하다가 자기 작품을 친구들에게 보여 주는 모습 관찰일지"라고 입력하면, 다음과 같은 전문적인 문장으로 정리해 준다.

현준이의 그림을 보니 정말 행복한 순간이 담겨 있네요! 그네를 타고 있는 현준이의 미소와 밝은 색감은 자유롭고 즐거운 마음을 잘 표현하고 있습니다. 따뜻한 햇살 아래에서 느낀 즐거움이 그대로 전해져 옵니다. 현준이가 느끼는 순수한 행복과 긍정적인 감정이 이 그림 속에 가득 담겨 있어, 보는 이에게도 큰 기쁨을 줍니다. 계속해서 이런 감정을 표현할 수 있도록 집에서도 많이 응원해 주세요!

이처럼 AI는 단순한 행동 묘사에서 그치지 않고, 그 안에 담긴 정서 · 언어 · 사회성 · 자기표현 등의 발달적 의미까지 자연스럽게 풀어 준다.

2 교사도 활용할 수 있는 AI 비서, 제미나이(Gemini)

제미나이(Gemini)는 구글에서 만든 새로운 AI 도구이다. 겉으로 보기엔 그냥 검색창처럼 보이지만, 단순한 검색을 넘어서 글쓰기, 요약, 이미지 아이디어 정리까지 다양한 기능을 하나에 담고 있다. 무엇보다 구글 계정만 있으면 바로 사용할 수 있어서, 특별한 설치나 복잡한 설정 없이 웹에서 간편하게 시작할 수 있다.

[그림 3-14] 구글 제미나이(Gemini)와 대화하기

1) 구글 제미나이(https://gemini.google.com/app)

제미나이(Gemini)도 챗GPT처럼 파일을 올려서 분석을 요청할 수도 있다. 예를 들어, 유아가 그린 그림을 올리고 "이 그림에서 4세 유아의 발달 특성을 분석해 줘"라고 하면 빠르게 분석을 해 준다.

[그림 3-15] 제미나이(Gemini)로 발달 특성 분석하기

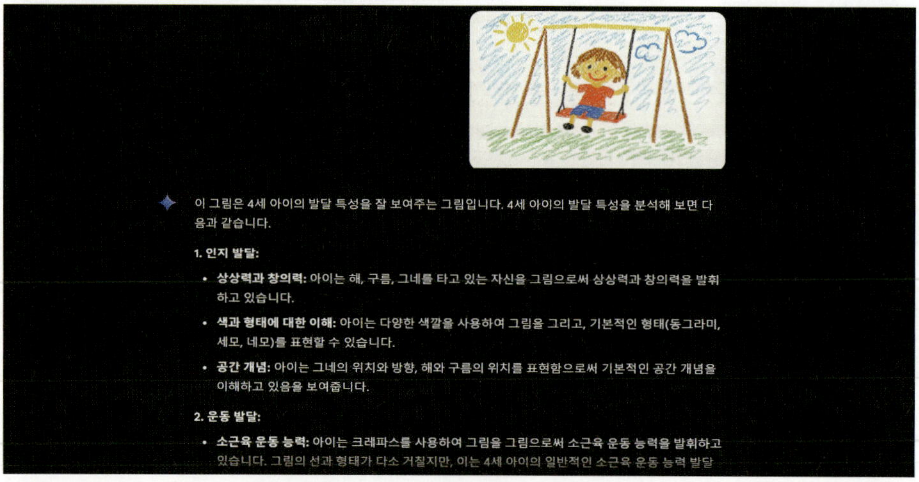

[그림 3-16] 제미나이(Gemini) 분석 결과

2) 딥리서치 기능

'딥리서치' 기능으로 더 깊이 있는 자료 조사도 가능하다. "4세 유아들을 위한 창의성 발달 프로그램 정리해 줘"라고 요청하면, 여러 연구 자료와 실제 사례를 종합해 전문적인 정보를 제공한다. 서울의 현장 교사는 "학부모 설명회 자료를 준비할 때 딥리서치로 최신 교육 트렌드를 조사했더니, 정말 풍부한 내용으로 발표 자료를 만들 수 있었다"고 전한다.

딥리서치 기능을 쓰려면 검색창 아래 'Deep Research'를 선택한 다음 결과요청 버튼을 누르면 된다. 화면에 나타나는 '연구 시작' 버튼을 클릭하면 제미나이(Gemini)가 본격적인 분석 작업에 들어간다.

딥리서치는 특히 교육 계획을 세우거나 특별활동을 구상할 때 유용하다. 단순한 활동 아이디어가 아니라 교육적 근거와 발달 이론까지 함께 제공하기 때문에 더 의미 있는 교육 활동을 계획할 수 있다.

연구 결과가 나오면 내용을 저장하거나 필요한 부분만 복사해서 활용할 수 있다. 바쁜 현장 일상에서 전문 서적을 찾아 읽거나 여러 자료를 비교할 시간이 없을 때, 딥리서치는 마치 개인 연구 비서처럼 필요한 정보를 빠르고 체계적으로 모아 준다.

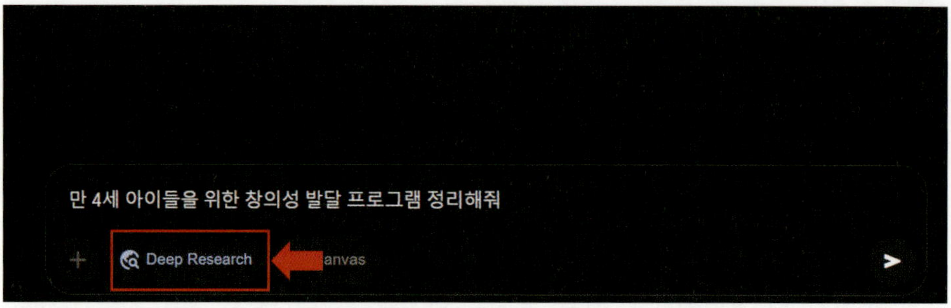

[그림 3-17] 제미나이(Gemini) 딥리서치 활용하기

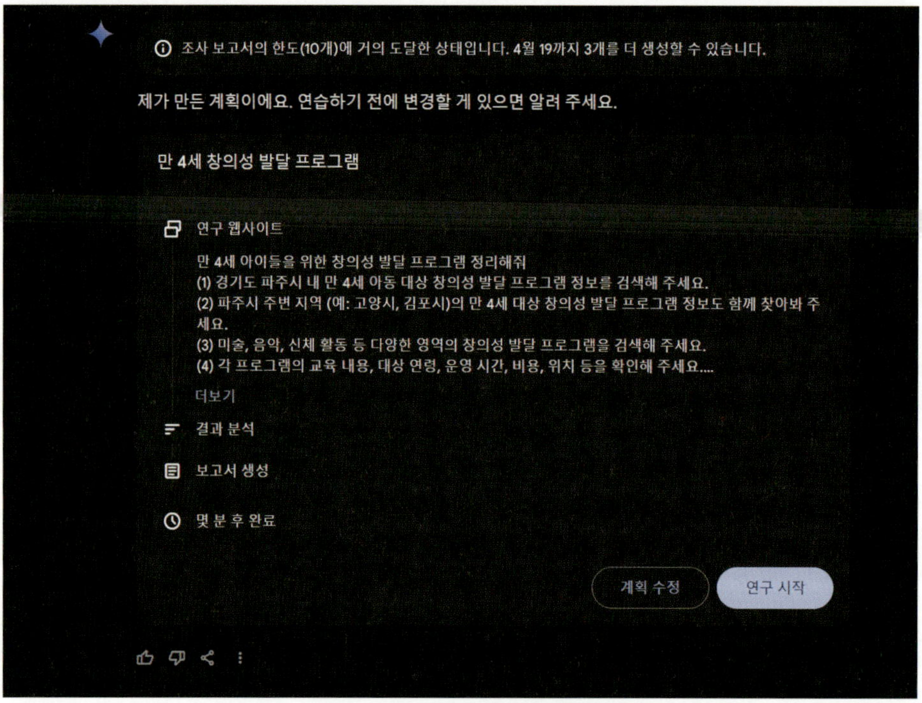

[그림 3-18] 제미나이(Gemini) 딥리서치 결과물

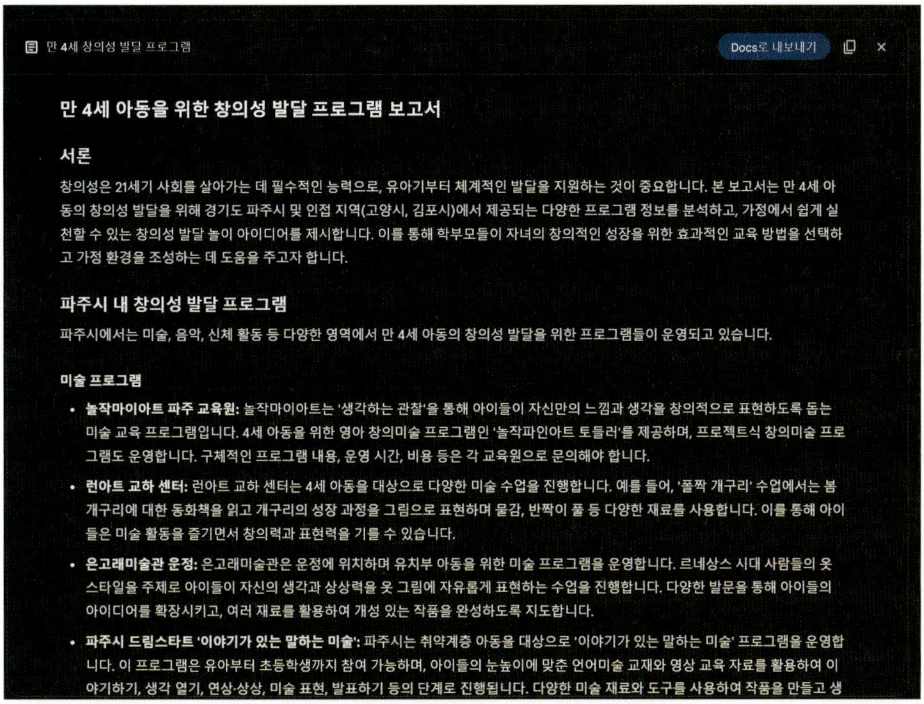

[그림 3-19] 제미나이(Gemini) 보고서 생성하기

3) 캔버스 기능

'캔버스' 기능은 글을 더 체계적으로 작성하고 편집할 수 있게 해 준다. 가정 통신문이나 교육계획안 같은 문서를 작성할 때 특히 유용하며, 예를 들어 월간 소식지를 캔버스로 작성하는 경우 글꼴, 단락, 강조점까지 보기 좋게 정리되어 그대로 학부모들에게 보낼 수 있다.

캔버스 기능을 사용하려면 일반 채팅 창 대신 '캔버스' 옵션을 선택하면 된다. 그러면 더 넓은 작업 공간이 열리고, 여기서 문서 형식의 글을 작성하고 편집할 수 있다. 완성된 문서는 PDF나 워드 파일로 내보내기도 가능해 필요에 따라 저장하거나 공유할 수 있다.

이렇게 캔버스 기능은 바쁜 현장교사들이 전문적인 문서를 쉽고 빠르게 만들 수 있게 도와준다. 문서 작성에 쏟는 시간을 줄이고, 그만큼 유아들과 더 많은 시간을 보낼 수 있게 되는 것이다.

4세 햇살반 5월 둘째 주 주간 소식지를 작성해 줘. 이번 주 주제: '우리 동네 탐험' 주요 활동: 1) 동네 지도 그리기, 2) 소방서 견학, 3) 우리 동네 직업 역할놀이 다음 주 예고 사항: '우리 동네 시장' 역할놀이 다음 주 준비물: 빈 과자 상자나 음료수 병 등 재활용품

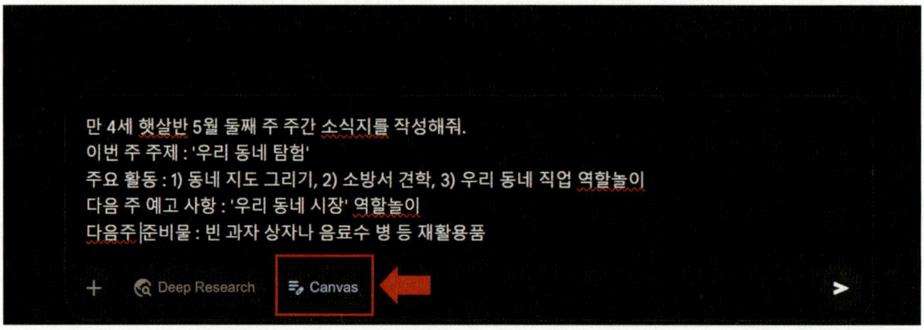

[그림 3-20] 제미나이(Gemini) 캔버스 활용하기

제미나이(Gemini)의 '캔버스' 기능은 문서를 보다 깔끔하게 정리해 주는 도구이다. 결과물을 생성하면 마치 워드 프로그램처럼 서식이 잘 잡힌 상태로 화면에 나타나며, 바로 사용할 수 있을 만큼 정돈된 문서가 제공된다.

문서가 완성된 이후에도 화면 왼쪽에 있는 '제미나이(Gemini)에게 물어보기' 영역을 통해 편집 요청을 손쉽게 입력할 수 있다.

"제목을 더 크게 해 줘", "활동 내용을 불릿 포인트로 바꿔 줘", "학부모 준비물 안내 부분을 강조해 줘"와 같은 요청을 하면, 바로 반영되어 문서에 적용된다.

특정 부분만 수정하고 싶을 때는 "두 번째 문단의 내용을 더 자세히 설명해 줘", "결론 문단의 어조를 더 부드럽게 바꿔 줘"와 같은 구체적인 지시도 가능해 세밀한 편집 작업이 아주 수월하다.

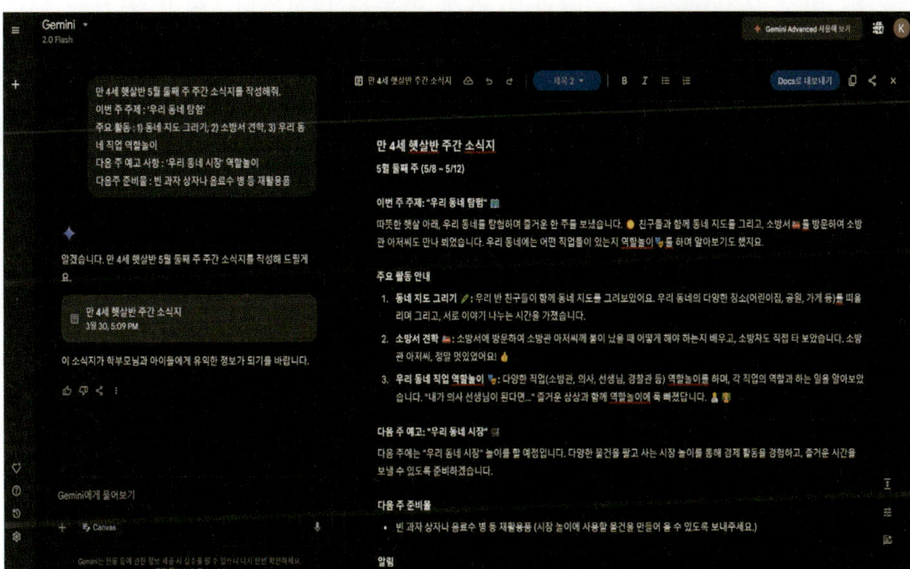

[그림 3-21] 제미나이(Gemini)로 결과물 생성하기

제미나이(Gemini) 캔버스에서 생성한 문서는 'Docs로 내보내기' 버튼을 클릭하면 바로 새로운 구글 문서로 저장할 수 있다. 이 기능 덕분에 복사하거나 붙여 넣는 번거로운 과정을 거치지 않고, 한 번의 클릭만으로 문서를 저장하고 추가 편집을 이어 갈 수 있다.

내보낸 문서는 표, 서식, 글꼴 등이 그대로 유지되기 때문에 따로 정리할 필요 없이 바로 활용할 수 있다. 예를 들어, 주간 계획안, 가정통신문, 교육자료 등은 초안 작성 후 바로 공유 문서로 전환해 동료들과 함께 수정하거나 의견을 나누는 데 유용하다.

구글 문서로 저장된 파일은 동료 교사와 링크로 공유하거나, 로고나 날짜를 추가해 바로 인쇄하거나, 누리과정 연계 항목을 더하거나, 협업 편집을 위한 코멘트를 다는 등 다양한 후속 작업이 가능하다.

이 기능은 특히 여러 명이 협업해야 하는 문서 작업에 효과적이다. 초안을 제미나이(Gemini)에서 빠르게 만든 뒤, 구글 문서로 내보내 저장하고, 그 위에 각자의 아이디어나 수정을 반영할 수 있기 때문이다. 결과적으로 문서 작성부터 저장, 공유, 편집까지 한 번에 연결되는 흐름이 업무 효율을 높여 주고, 복잡한 프로그램을 따로 배우지 않아도 된다는 점이 큰 장점이다.

이처럼 제미나이(Gemini)는 단순한 질의응답을 넘어 파일 분석, 심층 조사, 문서 작성까지 다양한 기능을 제공한다. 매일 수많은 서류와 기록, 계획을 다뤄야 하는 현장 선생님들에게 이런 종합적인 도구는 업무 시간을 크게 줄이고 교육의 질은 높이는 데 큰 도움이 된다.

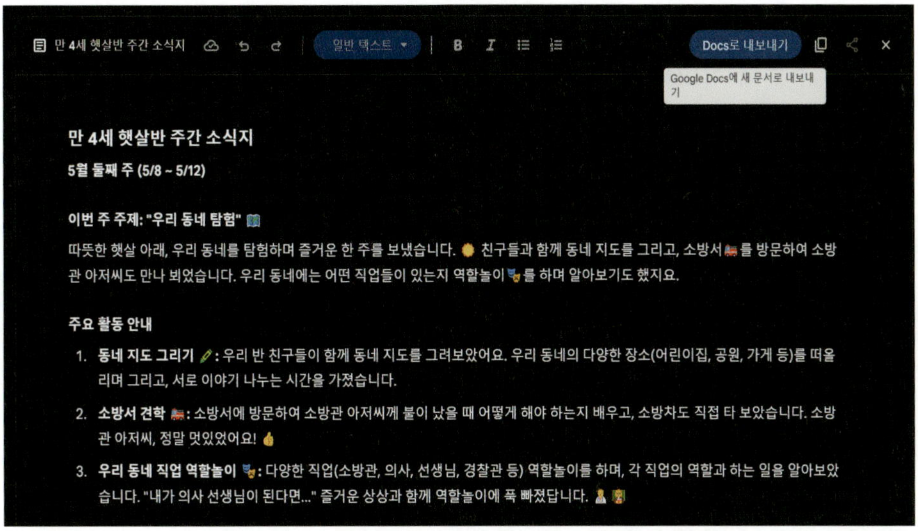

[그림 3-22] **제미나이(Gemini)로 주간 소식지 만들기**

문서를 완성한 후 우측 상단에 있는 '공유' 버튼을 클릭하면, 다른 사람과 문서를 함께 볼 수 있다. 공유할 때는 세 가지 권한 중 하나를 선택하여 상대방에게 어떤 역할을 줄지 설정할 수 있다.

'뷰어': 보기만 가능
'댓글 작성': 문서에 의견을 남길 수 있음
'편집': 내용을 직접 수정 가능

이 기능은 문서를 동료 교사들과 함께 작성할 때 매우 유용하다. 예를 들어, 연간 교육계획안이나 행사계획안 초안을 만든 후, 전체 교사에게 '편집' 권한으로 공유하면 각자 자신의 담당 내용을 채워 넣고 의견을 더할 수 있다.

다른 반 선생님들과 활동안을 공유할 때는 '댓글 작성' 권한을 활용하면, 문서 특정 부분에 아이디어나 수정 제안을 정확히 남길 수 있어 협업이 더 명확해진다. 학부모에게는 '뷰어' 권한을 선택하여 안내문이나 유아들 활동 소개 자료를 전달할 수 있다. 종이 문서보다 분실 위험이 적고, 언제든 다시 확인할 수 있다는 장점이 있다.

여러 명이 동시에 작업하는 문서에서는 각자 편한 시간에 온라인으로 참여할 수 있다는 점에서 시간과 에너지를 절약할 수 있다. 더 이상 회의실에 모여 의견을 나누지 않아도 되는, 효율적인 협업 환경이 가능해진다. 이처럼 공유 기능은 교사 간 협업은 물론, 학부모와의 소통까지 넓게 활용할 수 있는 중요한 도구이다. 교육과정 문서, 행사 계획안, 활동 소개 자료 등 다양한 문서에서 효과적으로 사용할 수 있다.

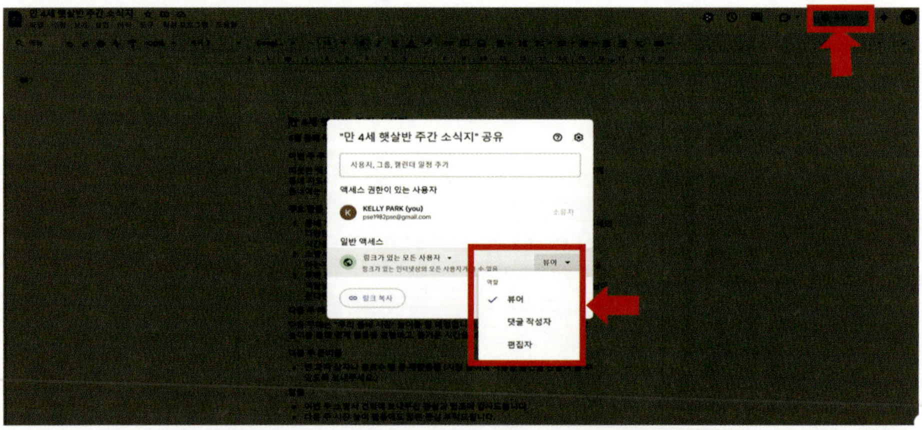

[그림 3-23] 제미나이(Gemini) 결과물 공유하기

3 자료 검색에 유용한 AI 도구, 퍼플렉시티(Perplexity)

퍼플렉시티(Perplexity)는 궁금한 내용을 검색할 때 활용할 수 있는 AI 기반의 똑똑한 검색 도구다. 일반 검색창에 글을 쓰는 방식은 같지만, 다른 점은 단순한 결과 나열이 아니라, 질문에 딱 맞는 요약된 답을 문장으로 보여 준다는 것이다.

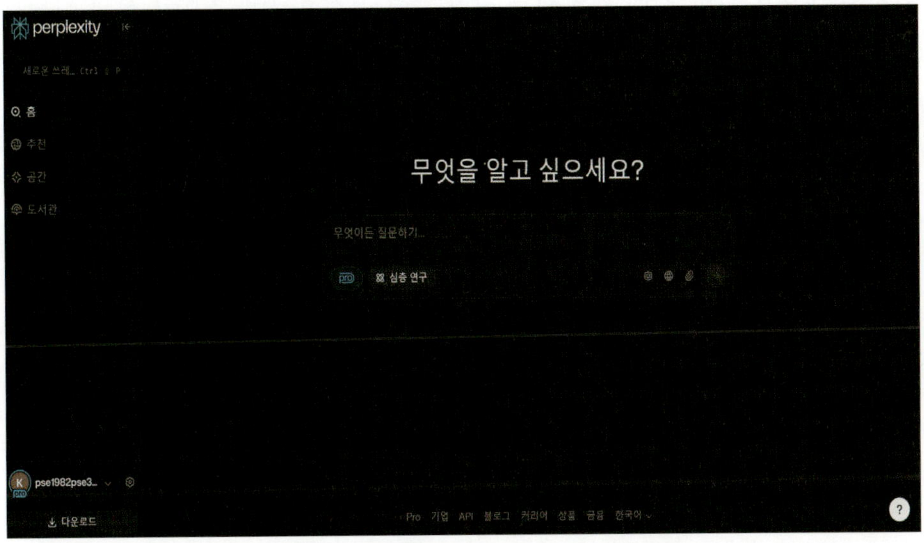

[그림 3-24] 퍼플렉시티(Perplexity) 첫 화면

무엇보다 좋은 점은, 답과 함께 출처 링크도 함께 제공한다는 점이다. 덕분에 필요한 정보를 빠르게 읽고, 신뢰할 수 있는 자료까지 바로 확인할 수 있다.

1) 챗GPT와 퍼플렉시티(Perplexity)의 차이점 및 특징

가) 차이점

챗GPT와 퍼플렉시티(Perplexity)는 모두 생성형 AI 도구지만, 목적과 사용하는 방식에는 분명한 차이가 있다. 챗GPT와 퍼플렉시티(Perplexity)에 질문을 하면 문장으로 답을 주지만, 챗GPT는 '글을 직접 만들어 주는 도구'이고, 퍼플렉시티(Perplexity)는 '정보를 빠르게 찾아 주는 도구'에 가깝다.

아래 내용을 보면 어떤 상황에서 어떤 도구를 활용하면 좋은지 쉽게 이해할 수 있다.

항목	챗GPT	퍼플렉시티(Perplexity)
주요역할	글쓰기와 대화형 응답	정보 요약 + 출처 제공
강점	원하는 문장 생성, 문체 조절 가능	빠른 정보 정리, 실제 링크 제공
활용 상황	안내문 작성, 상담 준비, 문서 초안	자료 조사, 활동 아이디어 찾기
사용 언어	자연어(한글) 사용 가능	자연어(한글) 사용 가능
응답 방식	사람처럼 문장을 이어서 설명	요점 정리 + 링크 제시

나) 특징

실시간으로 최신 정보 검색	인터넷에서 가장 최신의 정보를 실시간으로 검색하여 제공 예) 유아교육기관 평가인증 최신 지침 교육 관련 법령이나 지침이 자주 변경되는 상황에서도 최신 정보를 놓치지 않도록 도와주는 기능
정보 출처 확인 가능	모든 답변에 출처가 명확히 표시됨. 학부모 상담자료, 교사 연수 자료, 안내문 작성 시 정보의 신뢰도를 바로 확인할 수 있어 정확하고 자신 있는 자료 활용이 가능
맞춤형 정보 제공	단순한 검색 결과를 제공하는 것이 아니라, 교사 관점에서 유아교육에 필요한 정보로 재정리

2) 퍼플렉시티(Perplexity) 가입하기(https://www.perplexity.ai/)

다른 AI 사이트처럼 퍼플렉시티(Perplexity)도 구글 계정으로 가입하면 가장 편리하다. 사이트에 들어가면 보이는 '구글로 계속하기' 버튼을 누르고 평소 쓰는 구글 계정을 선택하면 된다.

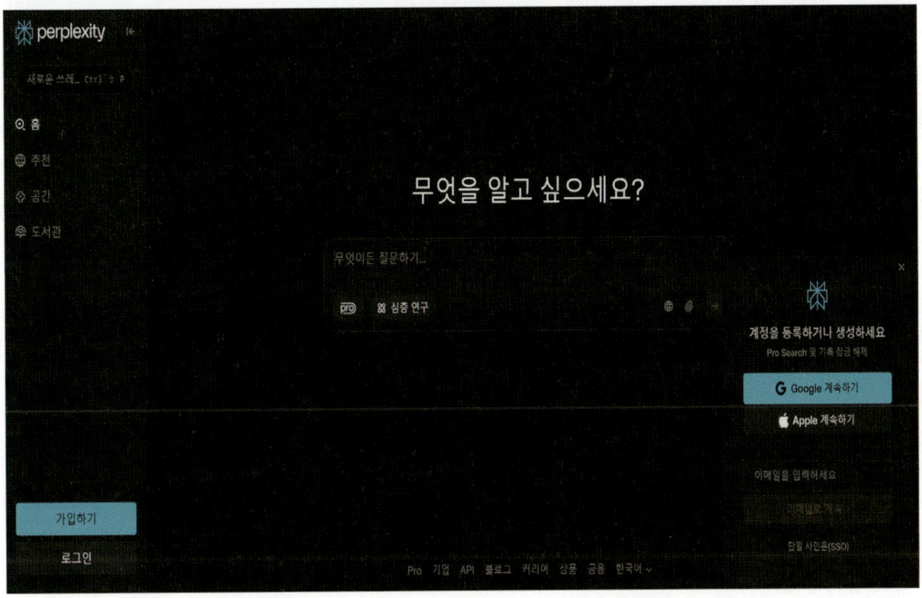

[그림 3-25] 퍼플렉시티(Perplexity) 로그인하기

이후 퍼플렉시티(Perplexity)에 대한 간단한 설명이 나오는데, '계속' 버튼을 눌러 진행하면 된다.

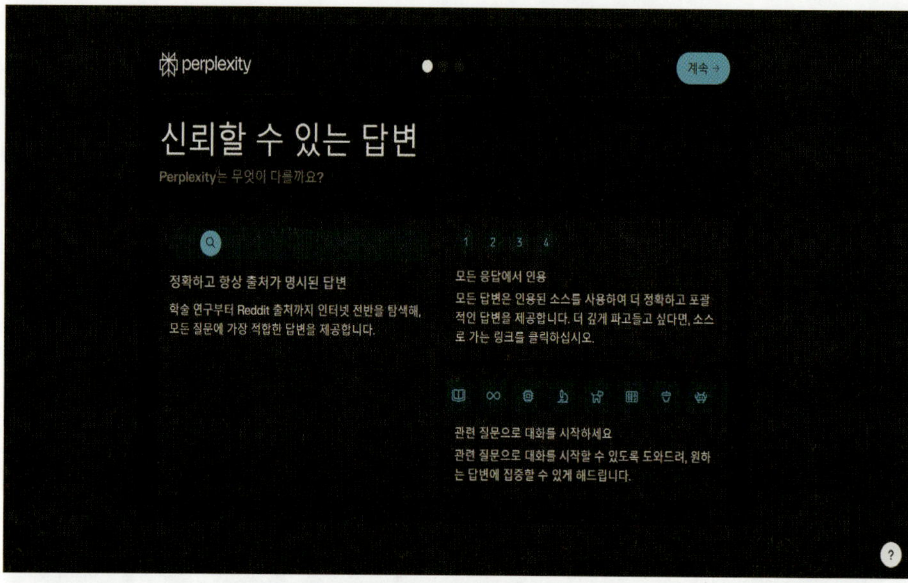

[그림 3-26] 퍼플렉시티(Perplexity)로 답변 받기

마지막에 결제 관련 화면이 나타나지만, 서두를 필요는 없다. 처음부터 유료 서비스에 가입하기보다는 무료 버전으로 충분히 사용해 보고 필요성을 느낄 때 결제하면 된다.

AI 도구를 처음 사용할 때는 무료 버전만으로도 충분히 많은 작업을 수행할 수 있다. 예를 들어, 주간 계획안 작성이나 활동지 초안 만들기 같은 일상적인 문서 작업은 기본 기능만으로도 어렵지 않게 해결할 수 있다.

처음에는 무료 기능을 충분히 활용해 보며 자신에게 꼭 필요한 기능이 무엇인지 파악하는 것이 좋다. 실제 사용을 통해 어떤 작업에서 시간이 많이 드는지, 어떤 기능이 있으면 좋을지를 자연스럽게 알게 된다.

그 후에는 자신에게 필요한 유료 기능만 선택적으로 사용하면, 비용 부담을 줄이면서도 효율적인 활용이 가능하다. 모든 기능이 필요하지는 않기 때문에, 본인의 업무 방식에 맞춰 필요한 부분만 도입하는 것이 가장 합리적이다.

또한 AI 도구는 종류가 다양하기 때문에, 여러 서비스를 비교해 보는 과정도 중요하다. 도구마다 특화된 기능이 다르고, 표현 방식이나 결과물의 형식도 조금씩 차이가 있다. 직접 사용해 보며 어떤 도구가 본인의 업무에 가장 잘 맞는지 경험을 통해 판단하는 것이 좋다.

이처럼 충분히 써 보고 필요한 기능을 선별하면, 보다 효율적이고 만족도 높은 선택이 가능하다. 무조건 유료 전환을 서두르기보다는, 먼저 무료로 익숙해지고 자신에게 맞는 도구를 찾는 것이 현명한 접근이다.

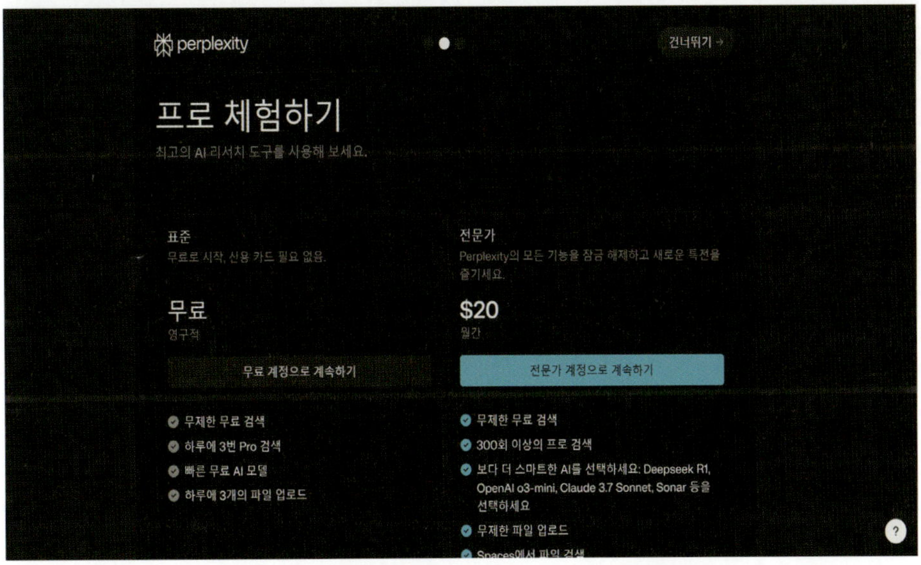

[그림 3-27] 퍼플렉시티(Perplexity) 프로 체험하기

3) 자료 및 정보 검색하기

현장에서는 계절별, 주제별로 다양한 놀이활동을 진행한다. 하지만 매번 새로운 아이디어를 떠올리는 건 쉽지 않다. 활동 목적은 뚜렷하지만, 그 안의 구체적인 놀이 구성이나 준비물, 발달 단계에 적합한지 판단하기 어려울 때가 많다.

이럴 때 퍼플렉시티(Perplexity)는 선생님에게 큰 도움이 된다. 퍼플렉시티(Perplexity)에 놀이 주제와 유아의 연령, 궁금한 내용을 자연스럽게 입력하면 된다. 아래에 실제 사용 과정을 하나씩 살펴보자.

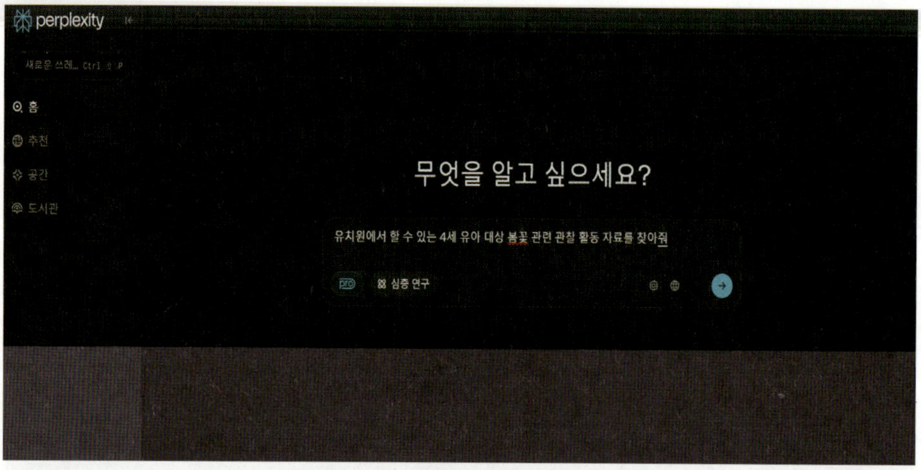

[그림 3-28] 퍼플렉시티(Perplexity)에 프롬프트 넣기

퍼플렉시티(Perplexity)의 큰 장점은 답변 아래에 출처 링크를 제공해 준다는 점이다. 예를 들어, 활동 사례가 담긴 유아교육 블로그나 교수학습자료 PDF, 실제 현장 운영사례 등을 함께 보여 준다. 궁금한 부분이 있다면 해당 링크를 클릭해 바로 내용을 확인하거나, 원자료를 다운받아 참고할 수 있다. 아울러 한글 자료가 많은 것 역시 장점이다.

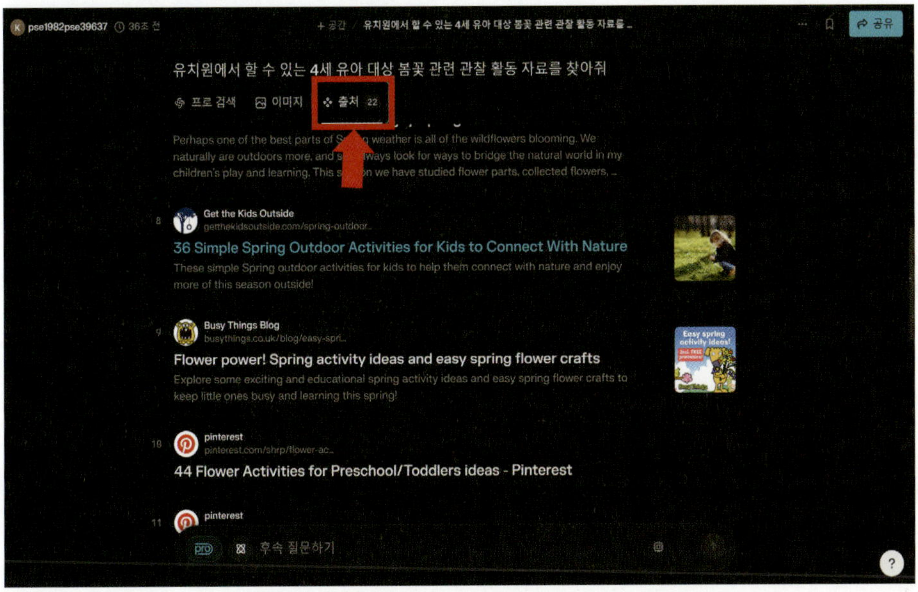

[그림 3-29] 퍼플렉시티(Perplexity) 출처 확인하기

4) 검색옵션 선택

검색창 아래에 있는 옵션들을 잘 활용하면 더 정확한 정보를 얻을 수 있다. 'Focus' 메뉴를 누르면 검색 범위를 좁힐 수 있는데, 예를 들어 '학문'을 선택하면 연구 논문 위주로, '뉴스'를 선택하면 최신 소식 위주로 정보를 보여 준다. 예를 들어, 학부모 교육 자료를 만들 때는 '학문' 옵션으로 전문적인 내용을 찾고, 현장학습 계획을 세울 때는 '일반' 옵션으로 실용적인 정보를 찾을 수 있다.

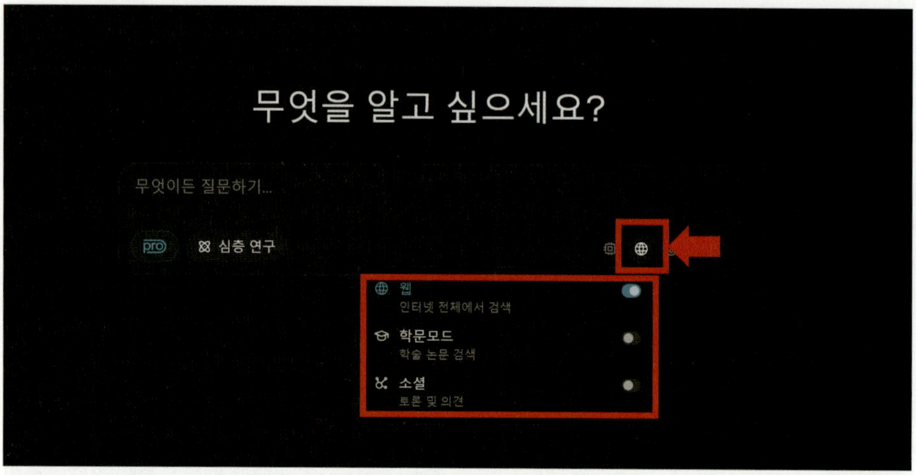

[그림 3-30] 퍼플렉시티(Perplexity) 웹, 학문모드, 소셜 모드 선택하기

예시에서 “부모의 양육 태도와 유아의 정서 발달 관련 학술 자료 찾아 줘”라고 요청한 뒤 학문모드를 설정해 보았다.

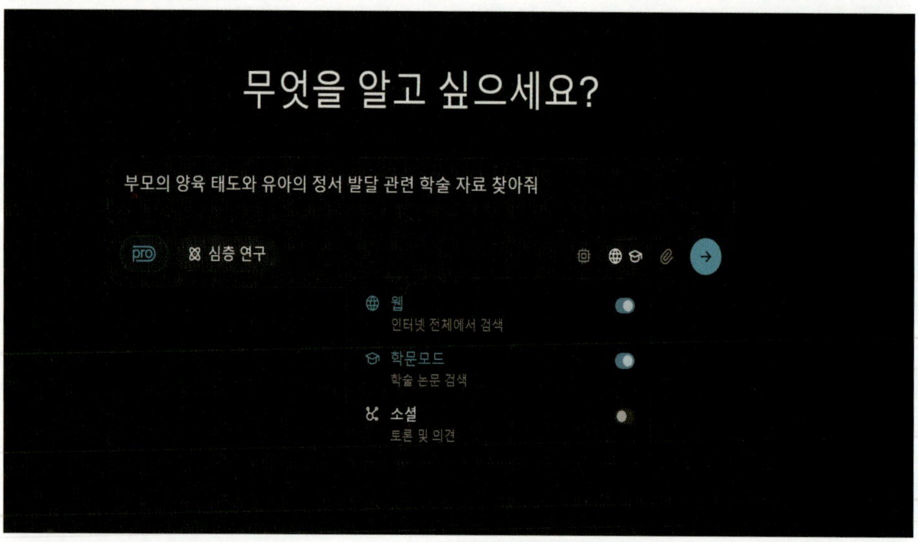

[그림 3-31] 퍼플렉시티(Perplexity) 부모의 양육 태도와 관련 학술 자료 찾기

학문모드를 켜고 검색하니 관련 논문들을 중심으로 정보를 모아 답변을 만들어 준다. 특히 '학술' 옵션을 선택하면 더욱 그렇다. 답변 아래쪽을 보면 출처가 대부분 학술 논문이나 전문 서적인 것을 확인할 수 있어 신뢰도가 높다.

이런 학술적 근거는 특히 발달 지연이나 문제 행동 같은 민감한 주제를 다룰 때 더욱 중요하기 때문에 최신 교육 이론과 현장 적용 사례를 함께 볼 수 있어 매우 유용한 기능이다.

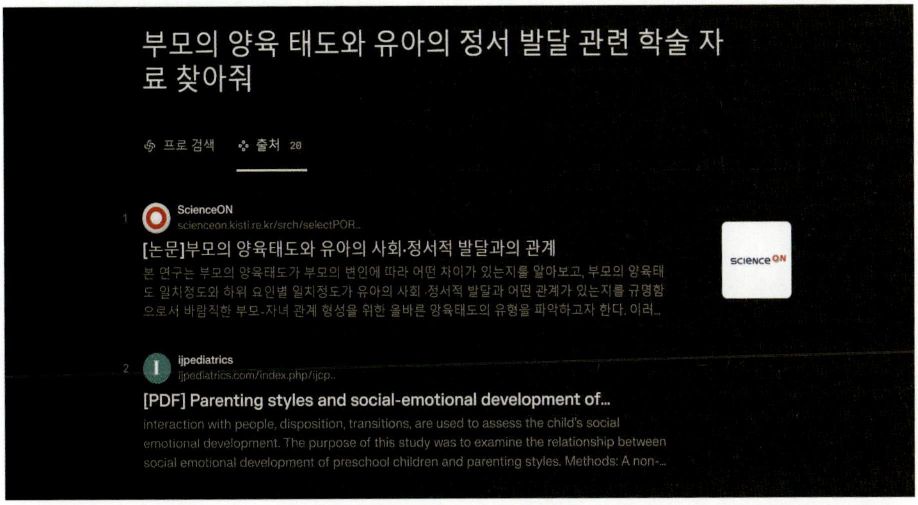

[그림 3-32] 퍼플렉시티(Perplexity)로 학술 자료 찾은 결과

5) 퍼플렉시티(Perplexity) 검색 가이드

퍼플렉시티(Perplexity)는 단순한 정보 검색을 넘어 검증된 고품질 교육 자료를 효율적으로 찾아 주는 도구다. 특히 '학술' 옵션을 활용하거나 검색어에 "공식 자료", "검증된", "연구 기반" 등의 키워드를 포함하면 더욱 신뢰할 수 있는 자료를 얻을 수 있다.

검증된 교육 활동 자료	"4세 과학영역 물의 특성 탐구 활동 중 교육부 인증 자료나 학술 연구에 기반한 활동만 찾아 주세요." "숲 유치원 교육과정의 우수 사례와 관련 학술 자료를 찾아 주세요. 특히 국내 적용 사례가 포함된 자료를 중심으로 알려 주세요." "감각통합 놀이 활동 중 특수교육 전문가들이 검증한 효과적인 활동 5가지와 그 근거 자료를 찾아 주세요."
최신 아동발달 연구 자료	"최근 5년 내 발표된 영유아 실행기능 발달 관련 주요 연구 결과와 교실에서의 적용 방안을 찾아 주세요." "자기조절력 발달을 돕는 활동에 관한 최신 학술 자료를 찾아 주세요. 연령별 적합한 활동 예시가 포함된 자료를 중심으로 알려 주세요." "디지털 미디어가 유아 발달에 미치는 영향에 관한 최신 연구 결과를 정리해 주세요. 긍정적, 부정적 영향을 모두 포함한 균형 있는 자료를 찾아 주세요."
신뢰할 수 있는 학부모 교육 자료	"영유아 발달 단계별 적합한 양육 방식에 관한 육아종합지원센터나 교육부 발간 공식 자료를 찾아 주세요." "부모 참여형 가정 연계 활동 중 효과성이 검증된 프로그램 사례와 구체적인 활동지를 포함한 자료를 찾아 주세요." "소아정신의학회나 아동심리학회에서 발표한 아동 불안 대처 가이드라인과 부모 교육 자료를 찾아 주세요."
창의적이면서 교육적인 행사 기획 자료	"유아 환경교육 박람회 우수 사례와 구체적인 부스 운영 아이디어를 포함한 자료를 찾아 주세요." "지역사회 연계 프로젝트 중 교육적 효과가 높았던 사례를 찾아 주세요. 특히 지역 특성을 살린 프로젝트 자료를 중심으로 알려 주세요." "문화예술교육 지원센터나 육아종합지원센터에서 제공하는 공식 어린이 축제 기획 가이드와 실제 적용 사례를 찾아 주세요."
교사 전문성 향상을 위한 자료	"유아교사 역량 강화를 위한 교육부 인증 연수 프로그램과 무료로 활용 가능한 온라인 교육 자료를 찾아 주세요." "영유아 교육기관 평가인증 우수 사례집과 구체적인 준비 가이드를 포함한 자료를 찾아 주세요." "국내외 유아교육 학술지에 발표된 교사-유아 상호작용 관련 최신 연구 결과와 실천 방안을 찾아 주세요."

Chapter

04

콘텐츠 제작에 필요한 생성형 AI 도구 이해

유아교육기관에서는 활동지, 가정통신문, 환경 구성 포스터, 사진 편집, 영상 안내자료 등 다양한 콘텐츠가 필요하다. 하지만 이 모든 자료를 직접 만들려면 많은 시간과 디자인 능력이 요구된다. 최근에는 AI 기능이 결합된 디자인 도구들이 등장하면서, 누구나 손쉽게 전문적인 결과물을 만들 수 있게 되었다.

이번 장에서는 교사들이 많이 사용하는 대표적인 도구인, 리크래프트, 이마젠3, 캡컷의 기능을 알아보고, 어떤 상황에 어떤 도구를 쓰면 좋은지 비교하며 알아보자.

리크래프트	아이들의 이야기나 글을 시각화하여 그림책처럼 만들 수 있는 도구이며, 텍스트를 입력하면 AI가 어울리는 일러스트를 자동 생성해 주며, 책처럼 페이지를 구성할 수 있음
이마젠3	AI 이미지 생성 도구로, 포스터, 활동 배경화면, 수업 자료 등 다양한 이미지를 원하는 스타일로 빠르게 생성
캡컷	학예회 안내 영상, 활동 브이로그, 주간 소식 영상 등 다양한 형태의 콘텐츠를 만들 수 있으며, 템플릿과 자동 편집 기능이 잘 갖춰져 있어, 사진 몇 장과 간단한 설명만으로도 자연스러운 영상 생성 학부모와의 소통, 행사 안내, 기록용 영상 제작에 매우 적합

1 다양한 이미지를 생성할 수 있는 리크래프트(Recraft) (https://www.recraft.ai/)

리크래프트(Reecraft)는 AI를 활용해 놀라운 이미지와 그림책을 만들 수 있는 특별한 도구다. 특히 현장 교사들에게 창의적인 교육 자료를 만드는 데 큰 도움이 된다.

리크래프트(Reecraft)의 가장 큰 특징은 텍스트만 입력하면 그에 맞는 아름다운 일러스트를 자동으로 생성해 준다는 점이다. "숲속에서 친구들과 보물찾기를 하는 토끼"라고 입력하면 그 장면이 마치 전문 일러스트레이터가 그린 것처럼 생생하게 표현된다.

다양한 스타일 옵션을 제공하는데, 수채화, 만화, 사실적 그림, 팝아트 등 여러 예술 스타일 중에서 선택할 수 있어 이야기의 분위기에 맞는 그림을 만들 수 있다. 동화 같은 판타지 이야기에는 환상적인 수채화 스타일이, 교육적인 내용에는 좀 더 선명한 만화 스타일이 적합할 수 있다.

특히 교육 현장에서 다양하게 활용할 수 있고, 계절 변화, 안전 교육, 감정 표현, 환경 보호 같은 교육 주제를 그림책으로 만들어 유아들에게 더 친근하게 전달할 수 있다.

1) 리크래프트(Reecraft) 가입하기

리크래프트(Reecraft)를 사용하려면 먼저 사이트에 접속해야 한다. 메인 화면에 보이는 'Get Recraft Free' 버튼을 클릭하면 가입 페이지로 이동한다. 무료로 시작할 수 있어 부담 없이 가입할 수 있다.

[그림 4-1] 리크래프트(Reecraft) 첫 화면

가입 방법은 간단하다. 이메일 주소를 입력하고 비밀번호를 설정하면 기본적인 가입 절차는 끝난다. 구글이나 애플 계정으로도 간편하게 로그인할 수 있는 옵션이 있어 더욱 편리하다.

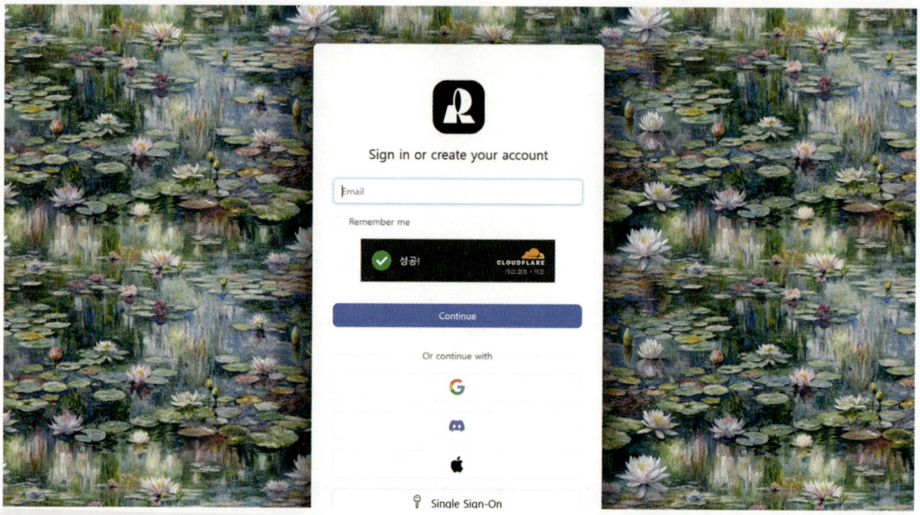

[그림 4-2] 리크래프트(Reecraft) 로그인하기

리크래프트(Reecraft) 가입 과정에서 몇 가지 설문 문항에 답하고 나면 플랜 선택 화면이 나타난다. 여기서 여러 유료 옵션들이 먼저 눈에 띄지만, 가장 왼쪽에 있는 '무료 플랜(Free Plan)'을 클릭하면 비용 부담 없이 서비스를 이용할 수 있다.

무료 플랜을 선택하면 추가 결제 정보 입력 없이 바로 가입이 완료된다. 무료 계정으로도 기본적인 기능을 충분히 사용할 수 있으며, 일정 수량의 이미지 생성과 간단한 그림책 만들기가 가능하다. 더 많은 기능이 필요하다면 나중에 유료 플랜으로 업그레이드할 수도 있지만, 처음 시작할 때는 무료 버전으로 충분히 경험해 볼 수 있다.

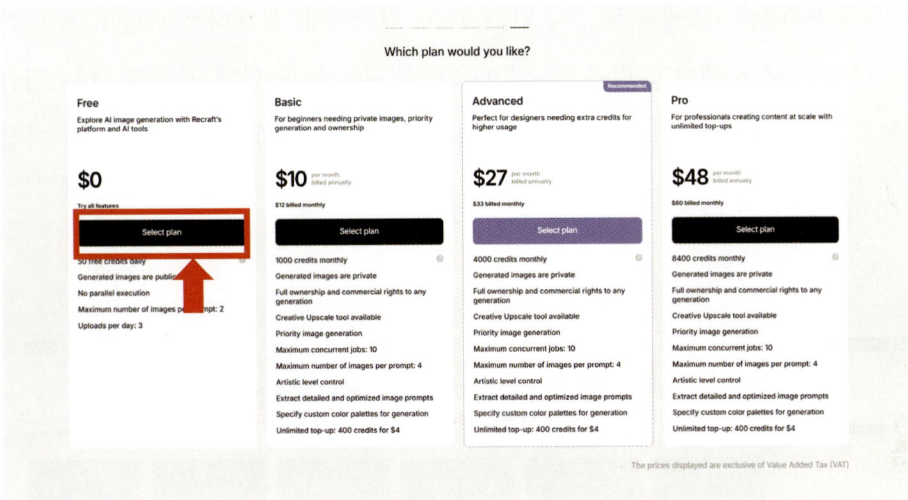

[그림 4-3] **리크래프트(Reecraft) 플랜 살펴보기**

리크래프트(Reecraft)에 처음 가입하면 100크레딧을 기본으로 받게 된다. 이 크레딧으로 몇 개의 이미지를 만들 수 있지만, 더 많은 작업을 하고 싶다면 추가 크레딧이 필요하다.

유료 결제 없이도 크레딧을 늘릴 수 있는 좋은 방법이 있다. 바로 '친구 초대' 기능이다. 메인 화면 중앙에 있는 'Invite Friends' 버튼을 클릭하면 초대 링크가 생성된다. 이 링크를 동료 교사나 친구들에게 공유하면 된다.

초대받은 사람이 링크를 통해 가입하면 놀랍게도 초대한 사람과 초대받은 사람 모두에게 각각 200크레딧이 적립된다. 이는 기본 제공 크레딧의 두 배에 해당하는 양이라 상당히 큰 혜택이다.

친구 초대는 서로에게 도움이 되는 윈-윈 전략이다. 초대하는 사람도, 초대받는 사람도 모두 혜택을 받을 수 있으니 동료 교사들과 함께 사용해 보는 것이 좋다. 유료 결제 없이도 충분한 크레딧을 확보해 리크래프트(Reecraft)의 다양한 기능을 마음껏 활용할 수 있다.

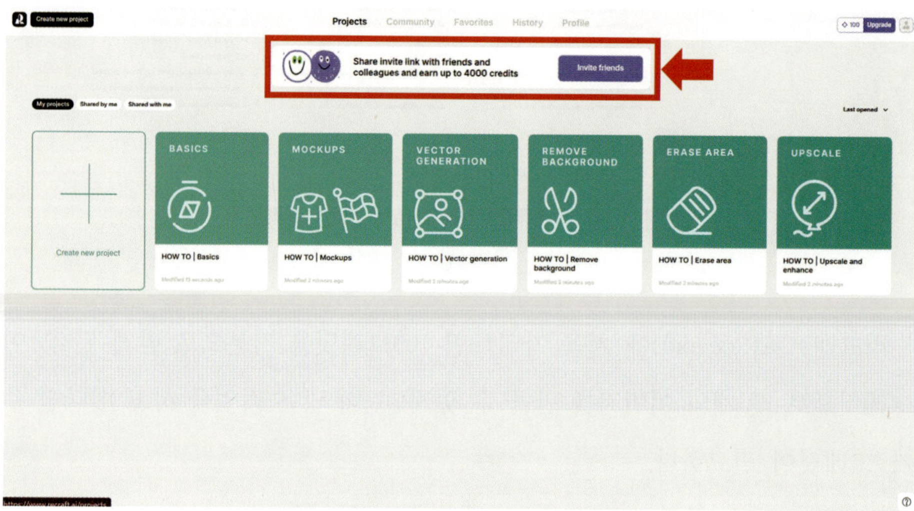

[그림 4-4] **리크래프트(Reecraft) 활용하기**

리크래프트(Reecraft)에서 친구 초대로 크레딧을 받으려면 정확한 방법을 알고 진행하는 것이 중요하다. 'Share invite link' 버튼을 클릭하면 나타나는 링크를 복사해서 지인들에게 전달하면 된다. 여기서 꼭 알아 둬야 할 중요한 점이 있다. 무료 크레딧은 초대받은 사람이 반드시 데스크톱(PC나 노트북)에서 가입할 때만 제공된다. 모바일 기기로 가입하면 크레딧이 적립되지 않을 수 있으니 주의해야 한다.

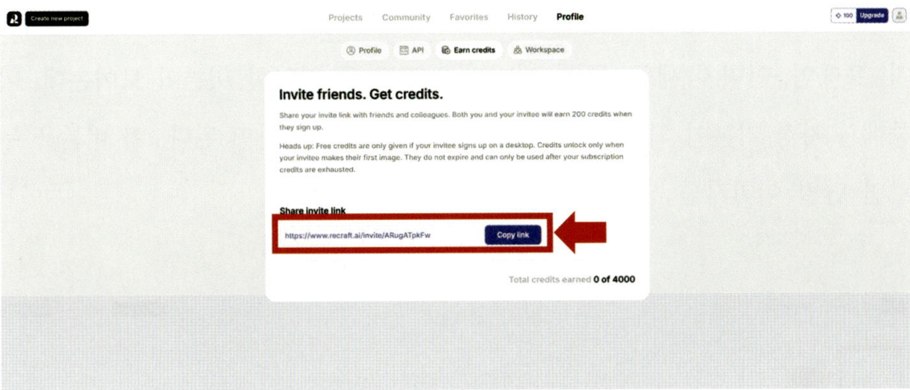

[그림 4-5] 리크래프트(Reecraft) 링크 복사하기

2) 이미지 제작하기

가입을 마쳤다면 이제 첫 번째 프로젝트를 시작할 차례다. 메인 화면에서 'Create New Project' 또는 '새 프로젝트 만들기' 버튼을 클릭하면 이미지 제작을 할 수 있다.

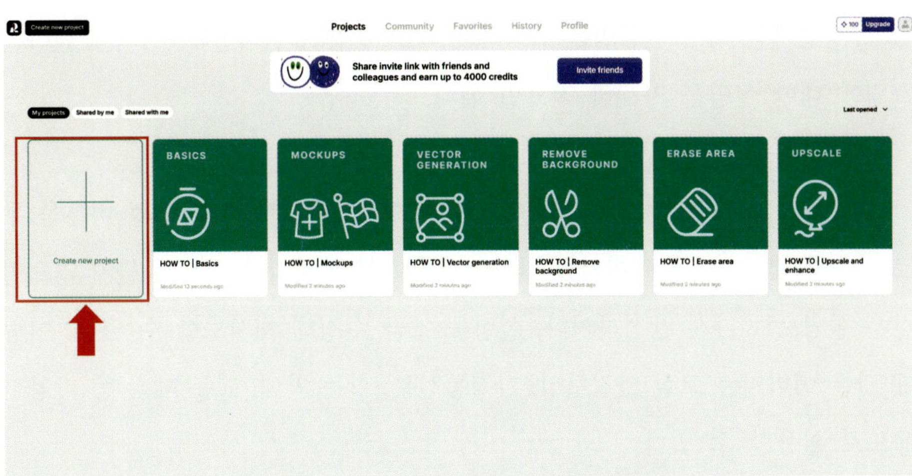

[그림 4-6] 리크래프트(Reecraft) 생성하기

'새 프로젝트 만들기'를 클릭하면 여러 옵션이 담긴 메뉴가 나타난다. 이미지, 프레임, 이미지 세트, 목업, 이미지 업로드 등 다양한 버튼이 보이는데, 이 중에서 가장 기본이 되는 'Image(이미지)' 버튼을 클릭하면 된다. 이 버튼을 누르면 단일 이미지를 생성할 수 있다.

[그림 4-7] 리크래프트(Reecraft) 이미지 생성하기

이미지 생성 화면은 직관적으로 구성되어 있어 컴퓨터에 익숙하지 않은 현장 선생님들도 쉽게 사용할 수 있다. 화면 중앙에는 이미지가 표시될 영역이 있고, 상단에는 이미지 설명을 입력하는 텍스트 창이 위치한다. 여기에 원하는 그림에 대한 설명을 자세히 적으면 된다.

예를 들어, "놀이터에서 즐겁게 뛰노는 유아들"을 입력한 후 생성 버튼을 누르면 AI가 몇 초 내에 이미지를 만들어 준다. 처음 결과가 마음에 들지 않으면 같은 설명으로 다시 생성하거나, 설명을 조금 수정해 재시도할 수 있다. 이렇게 만든 이미지는 교실 환경구성, 가정통신문, 활동 안내, 교구 제작 등 다양한 용도로 활용할 수 있다.

[그림 4-8] **리크래프트(Reecraft) 이미지 생성하기**

리크래프트(Reecraft)에서 이미지를 만들 때 같은 내용이라도 전혀 다른 느낌으로 표현할 수 있다. 화면 좌측 메뉴에 있는 'Recraft V3 Raw' 버튼을 클릭하면 정말 다양한 스타일 옵션이 펼쳐진다. 수채화, 만화, 클레이, 3D, 팝아트, 스케치 등 수십 가지 스타일 중에서 원하는 것을 고를 수 있다.

마음에 드는 스타일을 발견하면 그 아래에 있는 'Apply' 버튼을 클릭하면 된다. 이렇게 하면 다음부터 생성되는 모든 이미지가 선택한 스타일로 만들어진다. 스타일은 언제든지 다시 변경할 수 있어 다양한 시도가 가능하다.

스타일 선택은 교육 자료의 목적과 대상에 맞게 하는 것이 좋다. 2세 영아반을 위한 자료라면 단순하고 밝은 색감의 만화 스타일이 적합하고, 5세 유아들을 위한 자연 관찰 활동 자료라면 조금 더 사실적인 스타일이 효과적일 수 있다.

행사나 계절에 따라서도 스타일을 달리하면 분위기를 잘 살릴 수 있다. 봄 소풍 안내문에는 밝고 경쾌한 수채화 스타일이, 할로윈 파티 포스터에는 약간 신비로운 느낌의 스타일이 어울린다.

스타일 옵션을 탐색하다 보면 예상치 못한 멋진 표현 방식을 발견할 수 있다. 처음에는 몇 가지 기본 스타일로 시작해 보고, 점차 다양한 스타일을 시도해 보는 것이 좋다. 같은 내용이라도 스타일에 따라 전혀 다른 느낌의 이미지가 만들어지니, 교육 자료의 다양성을 높이는 데 큰 도움이 된다.

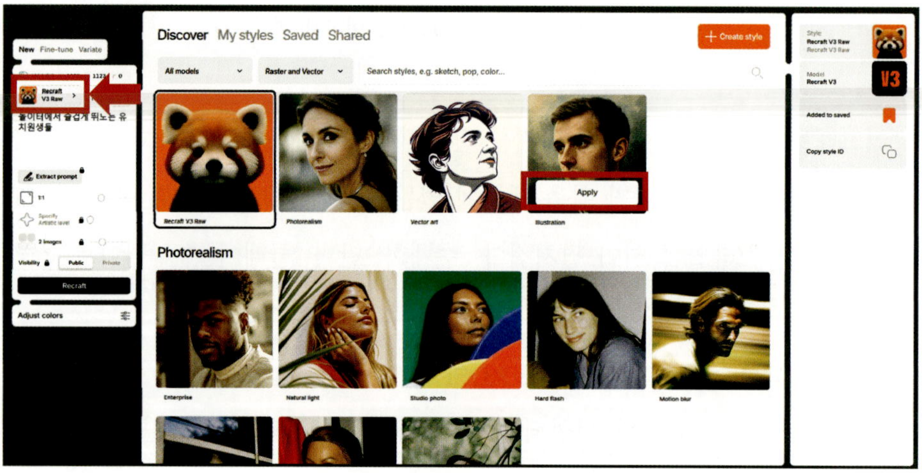

[그림 4-9] 리크래프트(Reecraft) 스타일 설정하기

이미지 스타일을 바꾸는 과정은 정말 간단하다. 예시처럼 여러 스타일 중에서 'Illustration(일러스트레이션)' 스타일을 찾아 'Apply' 버튼을 클릭하면 스타일이 선택된다. 이제 화면 하단의 'Recraft' 버튼을 누르면 같은 내용이지만 전혀 다른 느낌의 이미지가 새롭게 생성된다.

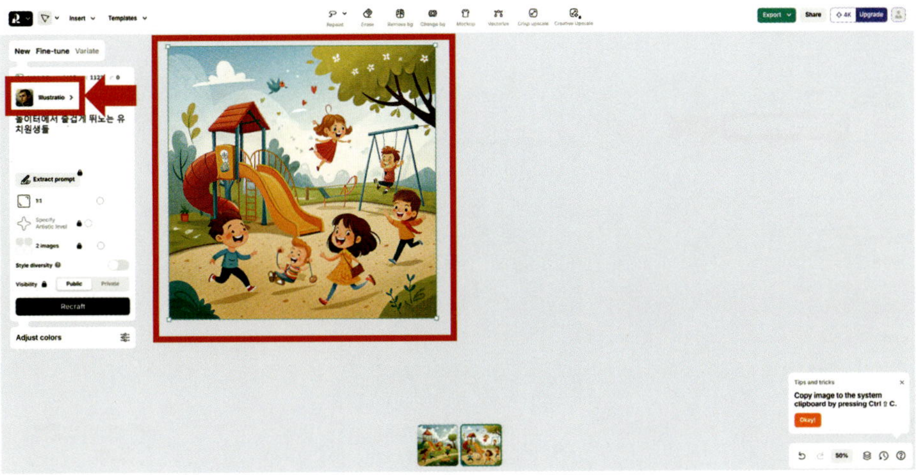

[그림 4-10] 리크래프트(Reecraft) 이미지 생성하기

3) 내 이미지 업로드 후 편집하기

리크래프트(Reecraft)에서는 완전히 새로운 이미지를 만들 수도 있지만, 때로는 기존에 가지고 있는 사진이나 그림을 참고해 비슷한 스타일로 새 이미지를 만들고 싶을 때가 있다. 이럴 때 이미지 업로드 기능이 유용하다.

좌측 상단에 있는 'Insert' 버튼을 클릭하면 드롭다운 메뉴가 나타나고, 여기서 'Import image(이미지 가져오기)'를 선택하면 된다. 이 옵션을 클릭하면 컴퓨터에 저장된 이미지를 찾아 업로드할 수 있는 창이 열린다.

업로드한 이미지는 화면에 표시되며, 이를 참고하여 AI가 새로운 이미지를 생성한다. 참고 이미지의 구도, 색감, 스타일 등이 새 이미지에 반영되지만, 정확히 같은 이미지가 아닌 비슷한 느낌의 새로운 창작물이 만들어진다.

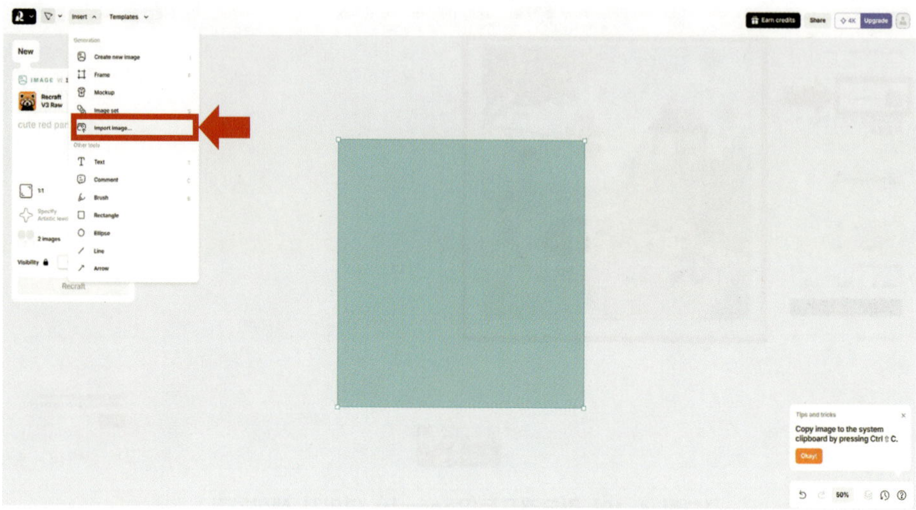

[그림 4-11] **리크래프트(Reecraft) 활용하기**

이미지를 업로드한 후에는 'Similarity to original image(원본 이미지와의 유사도)' 슬라이더가 나타난다. 이 기능은 새로 만들 이미지가 업로드한 원본과 얼마나 비슷하게 될지 조절할 수 있는 중요한 옵션이다.

슬라이더를 가장 오른쪽 'Almost identical(거의 동일하게)'으로 설정하면, AI는 원본 이미지의 구도, 색감, 스타일, 내용을 최대한 유지하면서 새 이미지를 만든다. 책의 예시처럼 이 설정을 사용하면 원본과 매우 흡사한 그림톤과 내용의 이미지가 생성된다.

반면, 슬라이더를 가장 왼쪽 'A little bit similar(약간만 비슷하게)'로 설정하면, AI는 원본에서 약간의 영감만 받아 대부분 새롭게 창작한 이미지를 만든다. 이 설정은 원본의 분위기나 색감만 참고하고 싶을 때 적합하다.

중간 위치로 설정하면 적절한 균형을 찾을 수 있다. 예를 들어, 원본 이미지의 스타일은 유지하되 내용은 다르게 하고 싶다면 중간 정도의 유사도가 좋다. 어린이집, 유치원 로고나 마스코트가 있다면, 이를 업로드하고 유사도를 높게 설정해 다양한 상황에서의 마스코트 이미지를 만들 수 있다. 원의 아이덴티티를 유지하면서도 다양한 교육 자료를 제작할 수 있어 매우 유용하다.

유사도 설정은 실험해 보면서 자신의 목적에 맞는 최적의 위치를 찾는 것이 좋다. 처음에는 중간 정도에서 시작해 결과를 확인한 후, 필요에 따라 조정해 나가는 방식이 효과적이다.

[그림 4-12] 리크래프트(Reecraft) 이미지 수정해서 생성하기

리크래프트(Reecraft)에서는 기존 이미지의 배경을 깔끔하게 제거하고 새로운 배경과 합성할 수 있는 유용한 기능을 제공한다. 이 과정은 생각보다 훨씬 간단하다.

먼저 원하는 이미지를 업로드한 후, 상단 메뉴 줄에 있는 'Remove bg(배경 제거)' 버튼을 클릭한다. 놀랍게도 AI가 자동으로 이미지 속 주요 대상(사람, 동물, 사물 등)을 인식하고 배경을 깨끗하게 제거해 준다. 버튼 하나로 복잡한 편집 작업 없이 캐릭터나 인물만 깔끔하게 남게 된다.

배경이 제거된 이미지는 투명한 배경을 가지게 되어 다양한 새 배경과 자연스럽게 합성할 수 있다. 이제 텍스트 입력창에 "숲속 배경" 또는 "교실 배경"처럼 원하는 새 배경을 설명하면, AI가 배경만 새롭게 생성하여 원본 캐릭터와 조화롭게 합성해 준다.

[그림 4-13] 리크래프트(Reecraft) 합성하기

책의 예시에서는 인물 사진의 배경을 깔끔하게 제거하고 AI로 새롭게 만든 놀이터 배경과 합성하는 과정을 보여 준다. 이 기술을 활용하면 실제로는 불가

능한 장면도 쉽게 만들어 낼 수 있어 교육적 상상력을 키우는 데 큰 도움이 된다.

유아들 사진에서 배경을 제거하고 다양한 상상 속 배경과 합성하면 흥미로운 교육 자료가 탄생한다. "우리가 공룡 시대에 간다면?" 프로젝트에서는 유아들 사진을 공룡이 살던 선사시대 배경과 합성할 수 있다. 또는 "우주 탐험" 주제에서는 유아들이 우주복을 입고 달이나 화성을 걷는 모습을 만들 수 있다.

[그림 4-14] **리크래프트(Reecraft) 배경 변경하기**

리크래프트(Reecraft)로는 멋진 이미지뿐 아니라 유아들이 좋아하는 색칠공부 활동지도 손쉽게 만들 수 있다. 책의 예시에서는 '라인아트' 스타일을 선택하고 "꽃과 계란 들판 위에 빛나는 행복한 태양, 간단한 흑백 색칠공부"라고 요청했더니 유아들이 색칠하기 딱 좋은 선화 이미지가 만들어졌다.

이렇게 만든 색칠공부 활동지는 주제별 학습, 계절 활동, 특별한 행사 등 다양한 교육 상황에서 활용할 수 있다.

[그림 4-15] **리크래프트(Reecraft)로 색칠공부 생성하기 1**

리크래프트(Reecraft)로 만든 이미지를 저장하는 방법은 매우 간단하다. 생성된 이미지 위에서 마우스 오른쪽 버튼을 클릭하면 메뉴가 나타나는데, 여기서 'Export as(내보내기)'를 선택하면 된다. 그러면 PNG나 JPG 같은 이미지 형식 중에서 원하는 것을 고를 수 있다.

저장한 이미지는 컴퓨터의 '다운로드' 폴더에 자동으로 저장되며, 필요에 따라 다른 폴더로 옮기거나 이름을 변경할 수 있다. 이렇게 저장한 이미지는 워드나 파워포인트 같은 문서 프로그램에 삽입하거나, 인쇄해서 교실 환경구성에 활용하거나, 가정통신문에 첨부하는 등 다양한 방식으로 사용할 수 있다.

[그림 4-16] 리크래프트(Reecraft) 색칠공부 생성하기 2

2 캡컷(Capcut)을 활용한 10분 안에 영상 편집 마스터하기

캡컷(CapCut)은 전문가가 아니어도 쉽게 고품질 영상을 만들 수 있는 편집 도구다. 특히 현장 선생님들처럼 시간이 부족한 분들에게 딱 맞는 앱으로, 10분 안에 멋진 영상을 완성할 수 있다.

캡컷(CapCut)의 가장 큰 장점은 직관적인 인터페이스와 다양한 템플릿이다. 아이들 활동 모습을 찍은 사진이나 짧은 영상 클립만 있으면, 템플릿을 활용해 순식간에 전문적인 영상을 만들 수 있다. '학예회', '체육대회', '졸업식' 같은 행사나 '봄 소풍', '여름 물놀이' 같은 계절 활동에 맞는 다양한 템플릿이 준비되어 있다.

예를 들어, 매주 활동 사진으로 1분짜리 영상을 만들어 학부모에게 발송하는데 한 시간 이상이 걸렸던 작업이 캡컷(CapCut)의 자동 편집 기능으로 작업 시간을 크게 단축 시킬 수 있다. 또한 만들 수 있는 영상은 다양하다. 학부모 대상 주간 활동 소식, 특별 행사 안내, 교육 과정 설명, 유아들 성장 기록 등 현장 운영에 필요한 거의 모든 영상 콘텐츠를 쉽게 제작할 수 있다.

캡컷(CapCut)은 컴퓨터와 스마트폰 모두에서 사용할 수 있어 편리하다. 교실에서 촬영한 사진을 바로 스마트폰으로 편집할 수도 있고, 더 큰 화면으로 작업하고 싶다면 컴퓨터 버전을 활용할 수도 있다.

1) 캡컷(CapCut) 가입하기(https://www.capcut.com/)

캡컷(CapCut)을 처음 사용하려면 먼저 가입 절차를 거쳐야 한다. 무료로 가입을 클릭하면 바로 진행할 수 있다.

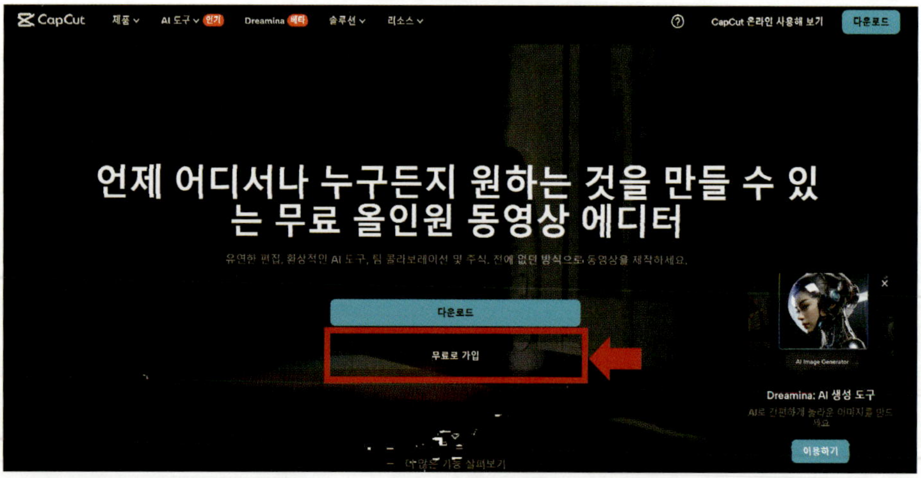

[그림 4-17] 캡컷(CapCut) 무료로 가입하기

가입 방법은 여러 가지가 있다. 이메일로 새 계정을 만들거나 구글, 페이스북, 애플 계정 등을 통해 빠르게 로그인할 수도 있다. 캡컷(CapCut)은 무료 버전으로도 대부분의 기능을 충분히 활용할 수 있다. 워터마크 없는 고화질 영상 제작, 다양한 효과와 전환, 음악 라이브러리 등 핵심 기능들이 무료로 제공된다.

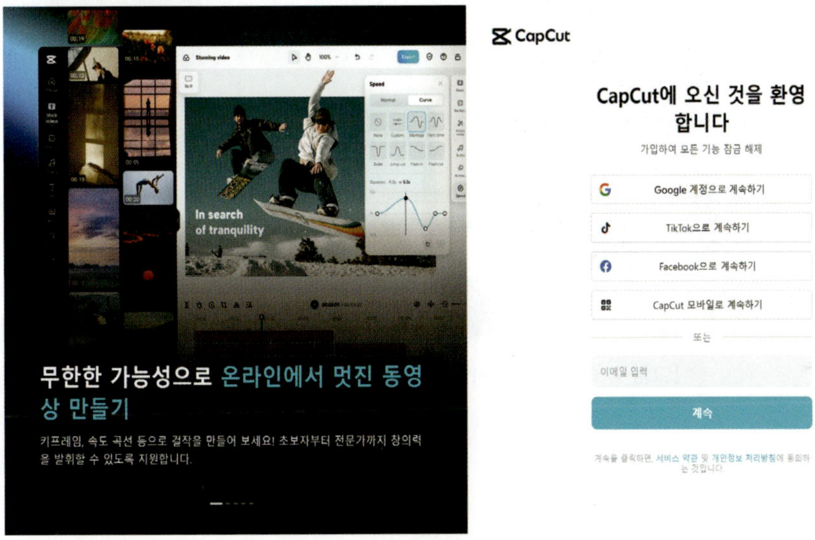

[그림 4-18] **캡컷(CapCut) 로그인하기**

캡컷(CapCut)에 처음 로그인하면 '새 공간을 생성하세요'라는 메시지가 나타난다. 이 공간은 영상 프로젝트를 체계적으로 관리하기 위한 폴더 개념이다. 기본값 이름을 변경하여 원하는 이름으로 자유롭게 바꿀 수 있다.

책의 예시에서는 기본값인 '공간 1'을 그대로 사용했지만, 실제로는 제작 목적이나 용도에 맞게 이름을 지정하는 것이 좋다. 예를 들어, '2024 봄학기', '4세 햇살반', '학부모 소통용', '행사 영상' 같이 구체적인 이름을 설정하면 나중에 프로젝트를 찾기 훨씬 쉽다.

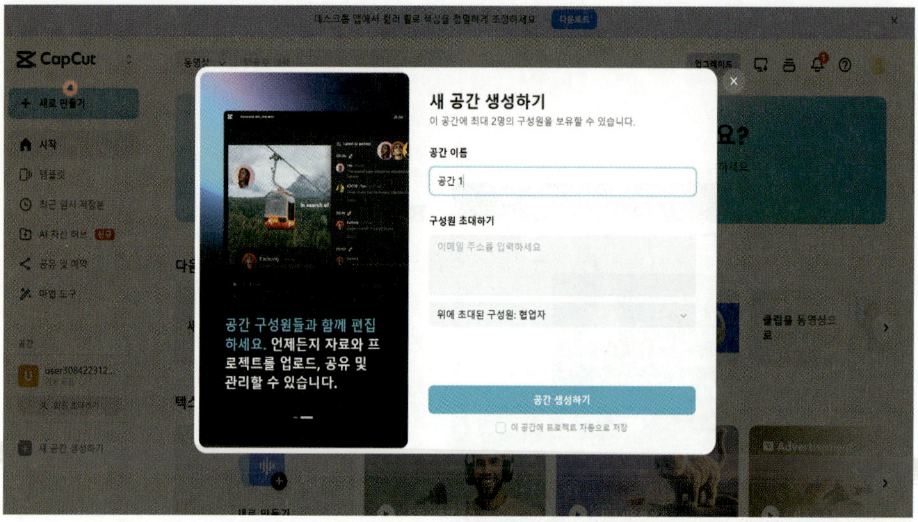

[그림 4-19] 캡컷(CapCut) 새 공간 생성하기

2) 템플릿으로 영상 편집하기

캡컷(CapCut)에서 영상을 만드는 방법은 여러 가지지만, 시간이 부족한 현장 선생님들에게는 템플릿을 활용하는 것이 가장 빠르고 쉬운 방법이다. 메인 화면에서 조금만 아래로 스크롤하면 '템플릿으로 시작' 섹션을 볼 수 있다.

이 섹션에는 다양한 분야와 목적에 맞게 미리 디자인된 수백 개의 템플릿이 준비되어 있다. 교육, 여행, 기념일, 일상, 비즈니스 등 카테고리별로 정리되어 있어 원하는 스타일을 쉽게 찾을 수 있다.

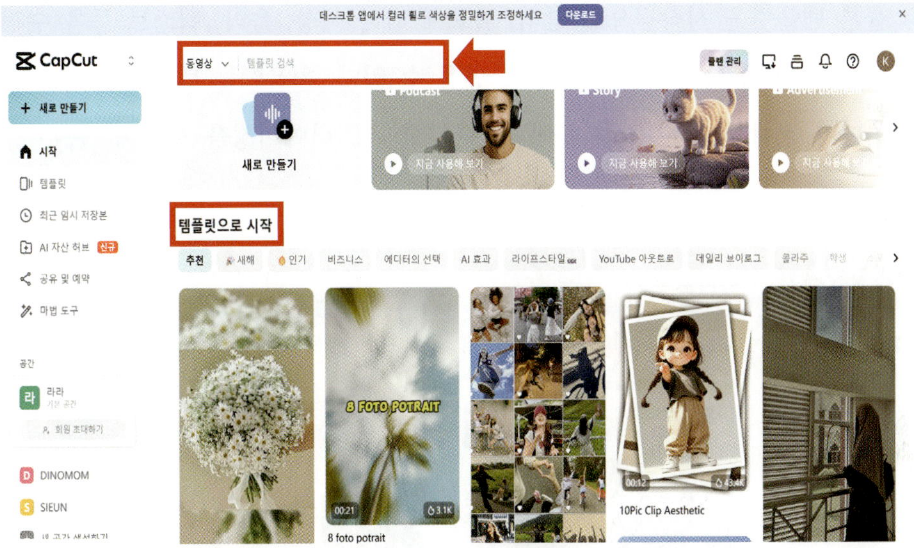

[그림 4-20] 캡컷(CapCut) 템플릿 검색하기

교육 현장에서 활동 영상을 만들 때는 '교육' 카테고리나 '유아들' 관련 템플릿을 살펴보면 좋다. 또는 검색창에 '유치원', '어린이', '교실', '생일', '졸업' 같은 키워드를 입력해 더 구체적인 템플릿을 찾을 수도 있다.

마음에 드는 템플릿을 발견하면 클릭해서 미리보기를 확인한 후, '사용하기' 버튼을 누르면 된다. 그러면 템플릿의 구조, 전환 효과, 텍스트 애니메이션, 배경 음악 등이 모두 설정된 상태로 편집 화면이 열린다.

템플릿을 선택할 때는 영상의 목적과 분위기를 고려하는 것이 좋다. 학부모 대상 주간 활동 소개는 밝고 경쾌한 템플릿이, 졸업식이나 특별 행사는 감성적이고 의미를 담을 수 있는 템플릿이 적합하다.

물론 템플릿을 시작점으로 삼되, 필요에 따라 색상, 음악, 텍스트 등을 수정하면 우리 원의 특색을 살린 영상을 만들 수 있다. 처음에는 템플릿 그대로 사용하다가 점차 편집 기술이 늘면 더 다양한 커스터마이징을 시도해 볼 수 있다.

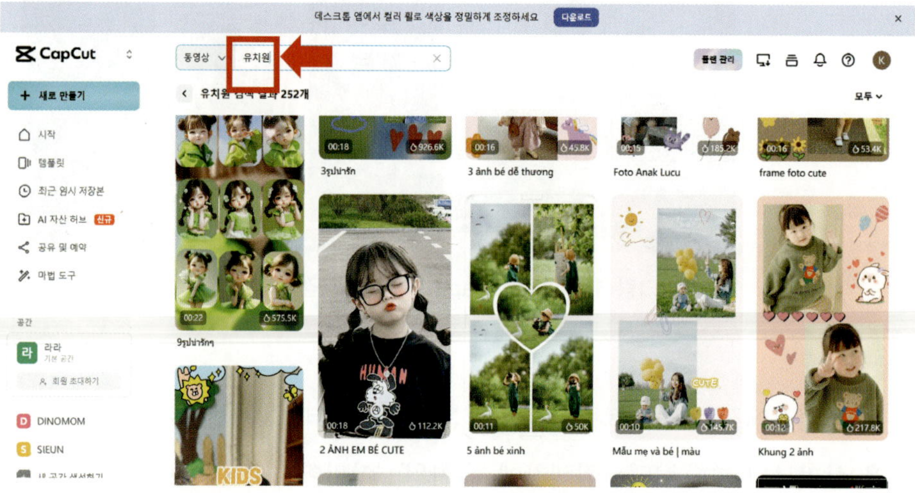

[그림 4-21] **캡컷(CapCut) 템플릿 검색하기**

캡컷(CapCut)에서는 현장에서 딱 맞는 템플릿을 쉽게 찾는 방법이 있다. 템플릿 검색창에 '유치원'이라고 입력하면 관련 템플릿만 모아서 보여 준다. 이 외에도 '유아들', '교육', '놀이' 같은 키워드로 검색하면 더 다양한 옵션을 볼 수 있다.

검색 결과에서 여러 템플릿의 미리보기를 확인할 수 있는데, 각 템플릿은 영상 길이, 분위기, 전환 효과 등이 모두 다르다. 밝고 경쾌한 스타일부터 감성적이고 차분한 스타일까지 다양한 분위기의 템플릿이 준비되어 있다.

편집 화면에서는 템플릿에 있는 샘플 이미지나 영상을 내 콘텐츠로 바꾸고, 텍스트를 수정하고, 필요에 따라 음악이나 효과를 조정할 수 있다. 템플릿의 기본 구조와 효과는 그대로 유지되면서 내용만 바꿀 수 있어 초보자도 쉽게 전문적인 영상을 만들 수 있다.

예를 들어, 체육대회 영상을 만들 때 '스포츠' 키워드로 검색해서 활기찬 템플릿을 찾을 수 있고, 유아들 활동 사진만 넣으면 마치 스포츠 하이라이트 같은 멋진 영상을 완성할 수 있다.

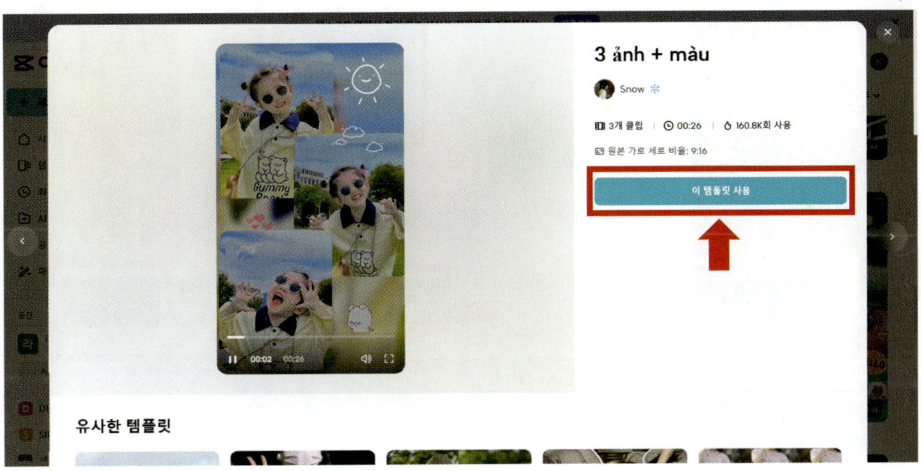

[그림 4-22] 캡컷(CapCut) 템플릿 사용하기

템플릿을 선택하면 편집창에 샘플 이미지와 텍스트가 포함된 상태로 열린다. 템플릿에 있는 사진을 클릭하면 하이라이트 표시가 되고, 상단에 '교체' 옵션이 나타난다. 이를 클릭하거나 바로 '내 PC에서 가져오기'를 선택하면 컴퓨터에 저장된 사진을 찾아볼 수 있다. 원하는 사진을 선택하면 템플릿의 샘플 이미지가 내 사진으로 즉시 교체된다.

이 과정의 가장 큰 장점은 템플릿의 모든 효과와 애니메이션이 그대로 유지된다는 점이다. 사진만 바꿨을 뿐인데 전문적인 전환 효과, 줌인/줌아웃, 텍스트 애니메이션 등이 모두 적용된 상태로 내 사진이 영상에 들어간다.

여러 장의 사진이 필요한 템플릿이라면 각 장면마다 같은 방식으로 사진을 교체하면 된다. 보통 5~10장의 사진만으로도 30초에서 1분 정도의 멋진 영상을 완성할 수 있다.

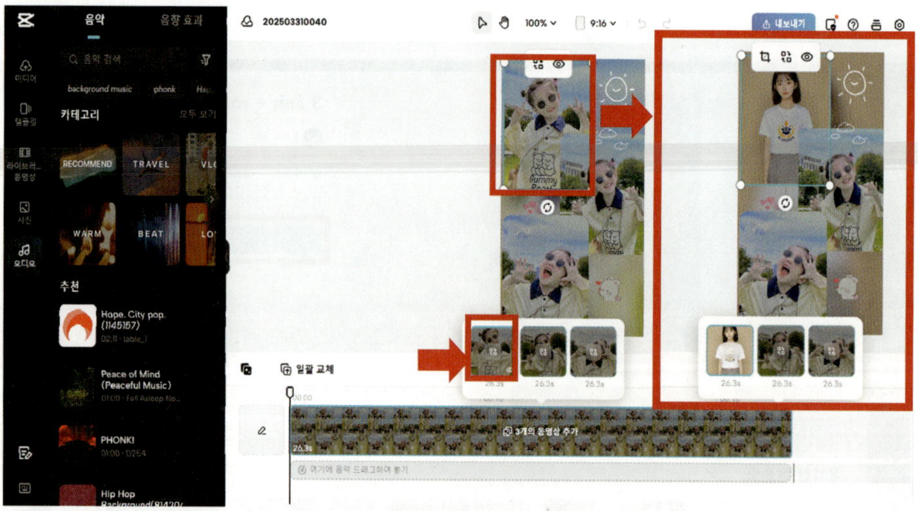

[그림 4-23] 캡컷(CapCut) 템플릿 수정하기

가) 음악 넣기

영상에 어울리는 음악을 넣으면 분위기가 훨씬 살아난다. 캡컷(CapCut)에서 음악 추가는 매우 간단하다. 편집 화면 좌측 메뉴에서 '오디오' 또는 '음악' 영역을 클릭하면 다양한 음악 라이브러리가 나타난다.

책의 예시처럼 검색창에 'kids'라고 입력하면 유아들 활동 영상에 어울리는 밝고 경쾌한 음악들이 나열된다. 이 외에도 '유치원', '놀이', '행복', '활기찬' 같은 키워드로 검색하면 다양한 분위기의 음악을 찾을 수 있다.

음악 옆에 있는 재생 버튼을 누르면 미리 들어 볼 수 있어, 영상 분위기와 잘 맞는지 확인할 수 있다. 마음에 드는 음악을 발견하면 클릭한 상태로 드래그해서 아래 타임라인에 끌어다 놓기만 하면 된다. 이렇게 하면 영상 전체에 음악이 자동으로 삽입된다.

음악의 길이가 영상보다 짧으면 자동으로 반복되고, 길면 영상 길이에 맞게 잘린다. 필요하다면 타임라인에서 음악을 클릭해 볼륨을 조절하거나, 특정 구간만 사용하도록 편집할 수도 있다.

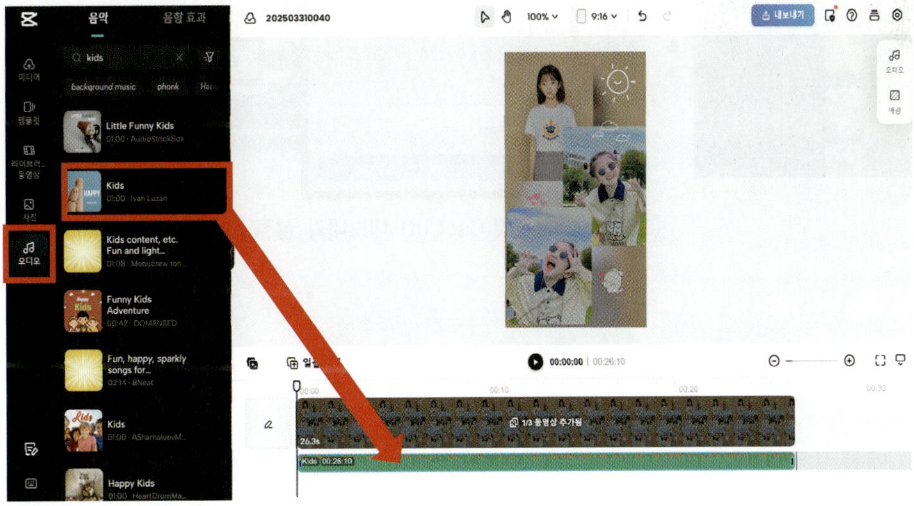

[그림 4-24] 캡컷(CapCut) 음악 삽입하기

편집이 모두 끝났다면 화면 우측 상단에 있는 '내보내기' 버튼을 클릭한다. 클릭하면 영상 저장 옵션이 담긴 창이 나타난다. 여기서 '다운로드' 버튼을 누르면 영상이 컴퓨터에 저장된다.

저장 전에 몇 가지 설정을 조정할 수 있다. 해상도는 기본값으로 1080p(Full HD)가 선택되어 있는데, 이 정도면 대부분의 용도에 충분하다. 용량을 줄이고 싶다면 720p를 선택할 수도 있고, 더 높은 품질을 원한다면 4K 옵션도 있다.

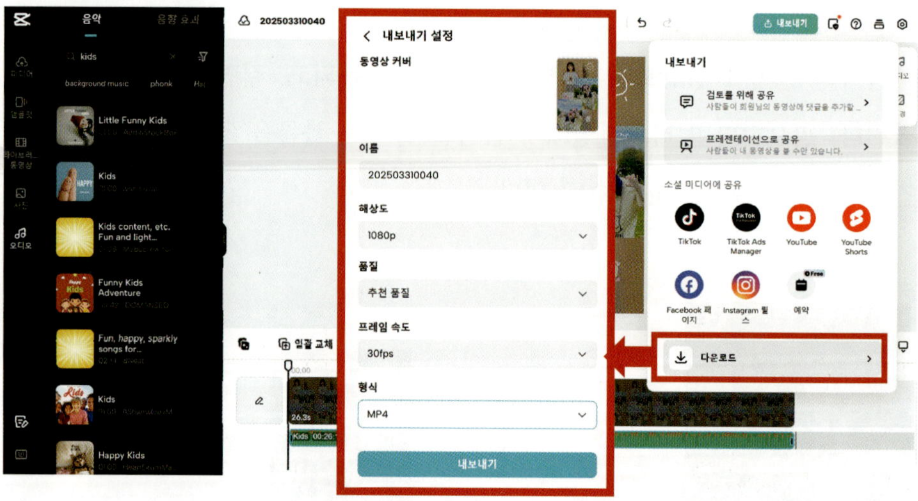

[그림 4-25] 캡컷(CapCut) 내보내기 설정

3) 새 동영상 생성하기

템플릿을 활용하는 것도 좋지만, 때로는 처음부터 내 스타일대로 영상을 만들고 싶을 때가 있다. 캡컷(CapCut)에서는 이런 경우를 위해 '새 동영상' 옵션을 제공한다. 클릭하면 편집창이 바로 열린다.

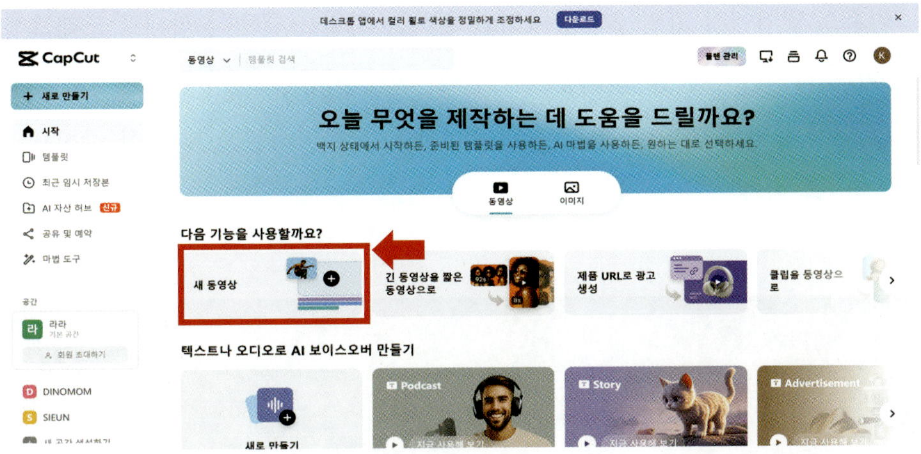

[그림 4-26] 캡컷(CapCut) 새 동영상 만들기

캡컷(CapCut)의 좌측에 있는 리소스 영역은 영상 편집에 필요한 모든 파일을 관리하는 중요한 공간이다. 여기서 내가 가지고 있는 이미지, 영상, 음성, 음악 등 다양한 파일을 업로드하고 한눈에 관리할 수 있다.

파일을 업로드하는 방법은 간단하다. 리소스 영역 상단의 '미디어 가져오기' 또는 '+' 버튼을 클릭하면 컴퓨터에서 파일을 선택할 수 있는 창이 열린다. 여러 파일을 한 번에 선택해서 업로드할 수도 있어 효율적이다.

업로드할 수 있는 파일 종류는 다양하다:

이미지: JPG, PNG, GIF 등 대부분의 이미지 형식
영상: MP4, MOV, AVI 등 일반적인 영상 파일
음악: MP3, WAV, M4A 등 오디오 파일
음성 녹음: 직접 녹음한 내레이션이나 유아들 목소리

리소스 영역에서 파일을 사용하려면 원하는 파일을 클릭한 상태로 드래그해서 아래 타임라인에 끌어다 놓으면 된다. 여러 사진을 순서대로 배치하거나, 영상 위에 음악을 얹거나, 특정 장면에 효과음을 추가하는 등 다양한 방식으로 활용할 수 있다.

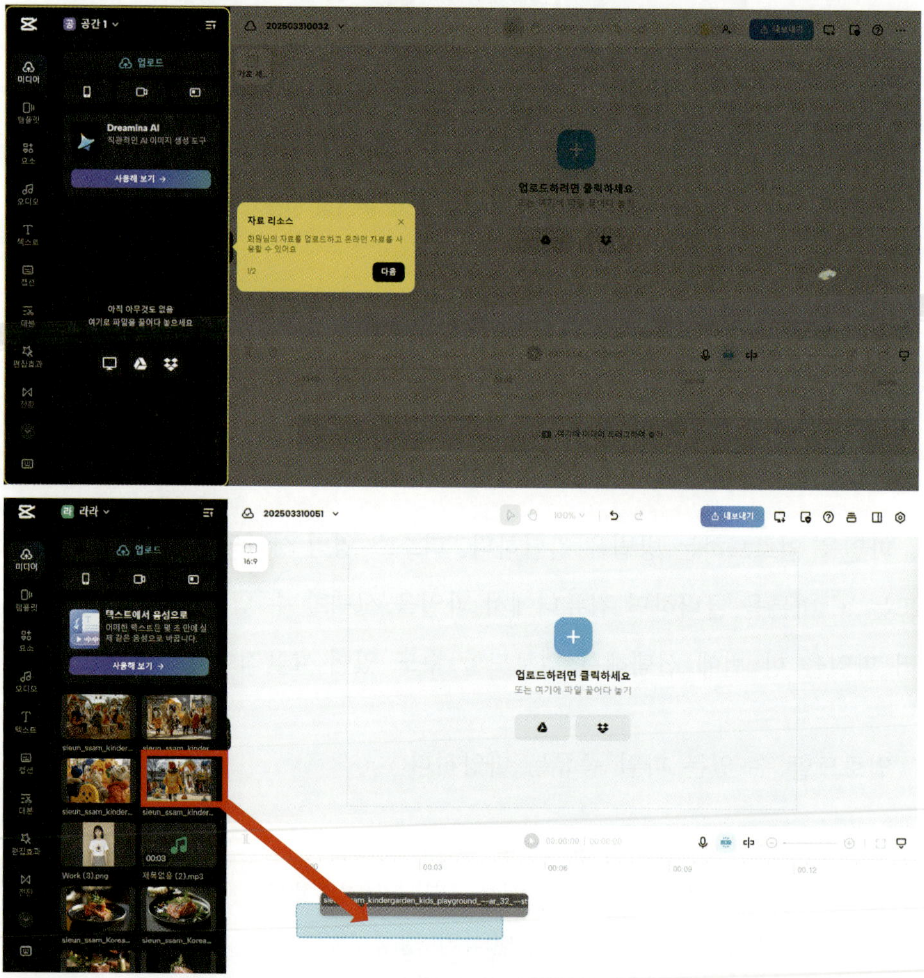

[그림 4-27] 캡컷(CapCut) 동영상 만들기

캡컷(CapCut)의 중앙에 위치한 미리보기 영역은 편집 과정을 실시간으로 확인할 수 있는 중요한 공간이다. 여기서 영상이 어떻게 보일지 바로 확인하면서 다양한 조정을 할 수 있다.

미리보기 영역에서는 사진이나 영상 클립을 직접 클릭해 여러 설정을 변경할 수 있다. 사진을 클릭하면 상단에 다양한 편집 옵션이 나타난다. 사진이 화면에 표시되는 시간(길이)을 조절하거나, 줌인/줌아웃 효과를 주거나, 회전하거나, 자르는 등의 작업을 할 수 있다.

유아들의 중요한 순간이 담긴 사진은 길이를 좀 더 길게 설정하고, 일반 활동 사진은 짧게 설정해 강약을 조절하는 등 영상 클립의 경우 재생 속도를 조절할 수도 있다.

음악이나 오디오 트랙도 미리보기 영역에서 조절할 수 있다. 타임라인에서 음악 트랙을 클릭하면 볼륨 조절, 페이드인/페이드아웃 효과 추가, 특정 구간만 사용하기 등의 옵션이 나타난다. 배경 음악이 너무 크면 내레이션이나 유아들 목소리가 묻힐 수 있으므로, 적절한 볼륨으로 조절하는 것이 중요하다.

전환 효과도 미리보기 영역에서 확인하며 설정할 수 있다. 두 장면 사이를 클릭하면 다양한 전환 효과(페이드, 디졸브, 와이프 등)를 선택할 수 있다.

- 페이드(Fade): 화면이 천천히 어두워지거나 밝아지며 전환되는 효과
- 디졸브(Dissolve): 한 장면이 서서히 사라지면서 동시에 다음 장면이 겹쳐져 나타나는 전환
- 와이프(Wipe): 화면이 한쪽 방향으로 밀리며 다음 장면이 나타나는 전환 방식

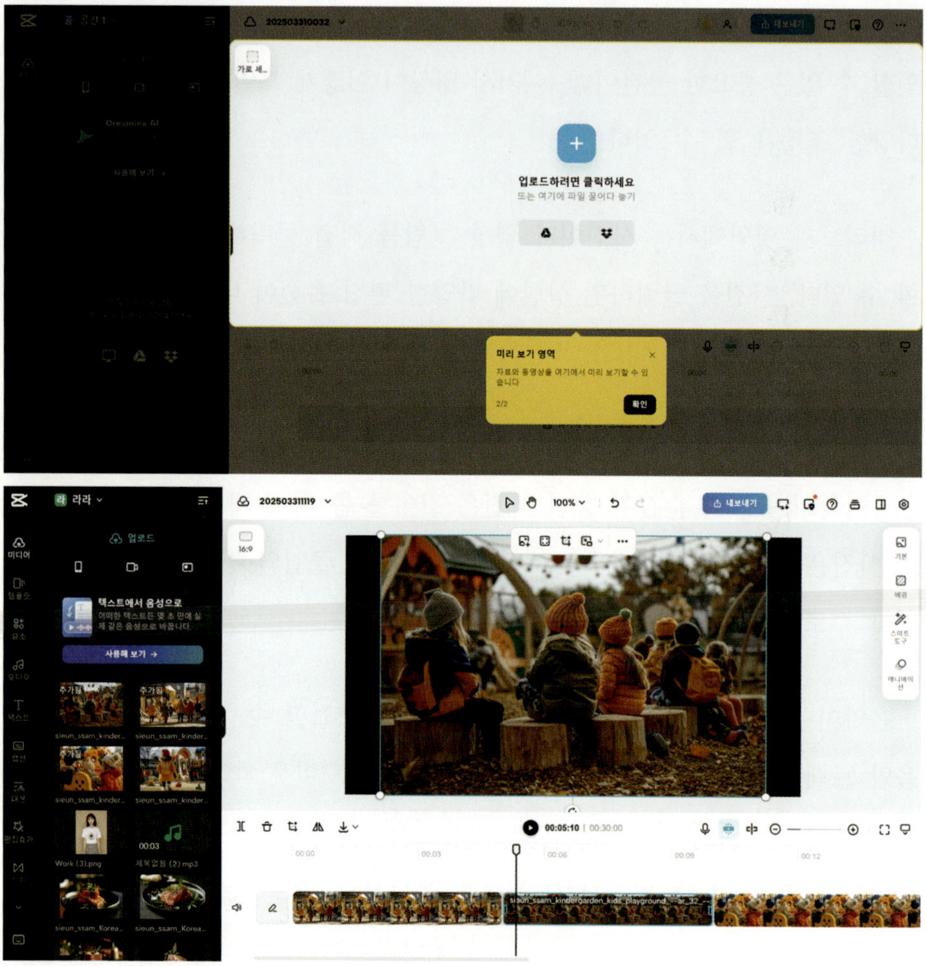

[그림 4-28] 캡컷(CapCut)으로 결과물 만들기

캡컷(CapCut)의 '요소' 메뉴는 영상을 더 풍성하고 재미있게 만들어 주는 다양한 아이템을 제공한다. 좌측 메뉴에서 '요소'를 클릭하면 샘플 영상, 사진, 스티커, 텍스트 효과 등 다양한 디자인 요소를 찾을 수 있다.

스티커는 특히 현장 영상에 활용하기 좋다. 귀여운 동물, 별, 하트, 말풍선, 이모티콘 등 유아들이 좋아하는 다양한 스티커가 준비되어 있다. 이런 요소들은 드래그 앤 드롭으로 쉽게 영상에 추가할 수 있다. 원하는 요소를 클릭한 상태로 미리보기 영역으로 드래그하면 된다. 추가한 후에는 크기 조절, 위치 이동, 투명도 설정, 애니메이션 효과 추가 등 다양한 편집이 가능하다.

요소 메뉴의 다양한 아이템을 적절히 활용하면 단순한 사진 모음에서 벗어나 생동감 넘치고 전문적인 영상을 만들 수 있다. 다만 너무 많은 요소를 사용하면 산만해질 수 있으니, 영상의 목적과 대상에 맞게 적절히 사용하는 것이 중요하다.

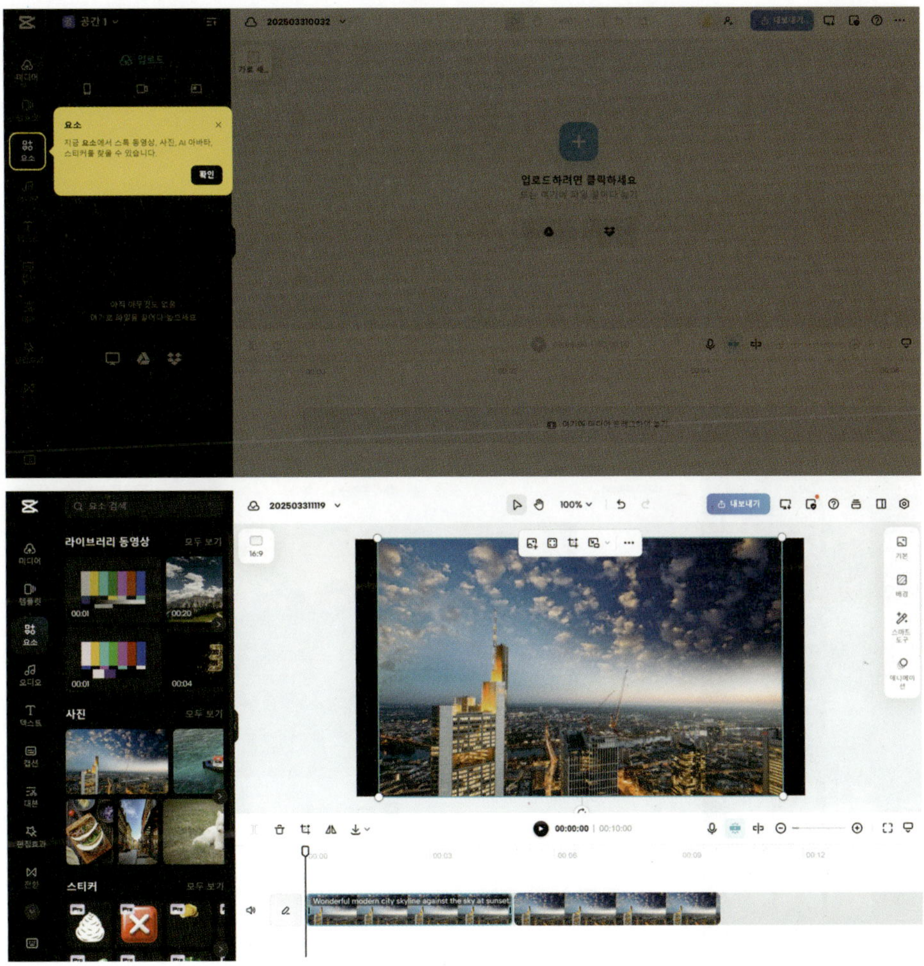

[그림 4-29] 캡컷(CapCut) 사진 추가하기

이미지와 이미지, 또는 영상 클립 사이를 그냥 단순히 컷으로 전환하면 다소 심심하고 딱딱한 느낌이 든다. 캡컷의 다양한 전환 효과를 활용하면 장면 사이를 부드럽게 이어 주거나 특별한 느낌을 더해 영상의 완성도를 높일 수 있다.

전환 효과를 추가하는 방법은 간단하다. 타임라인에서 두 클립 사이를 클릭하면 '전환' 메뉴가 나타난다. 여기서 다양한 효과 중 원하는 것을 선택하면 된다. 또는 좌측 메뉴에서 '전환' 탭을 클릭해 모든 전환 효과를 한눈에 살펴볼 수도 있다.

캡컷(CapCut)에서 제공하는 전환 효과는 매우 다양하다. 기본적인 페이드(Fade), 디졸브(Dissolve) 같은 부드러운 전환부터, 와이프(Wipe), 줌(Zoom), 회전(Rotate) 같은 역동적인 전환, 그리고 하트, 별, 꽃잎 같은 테마형 전환까지 선택의 폭이 넓다.

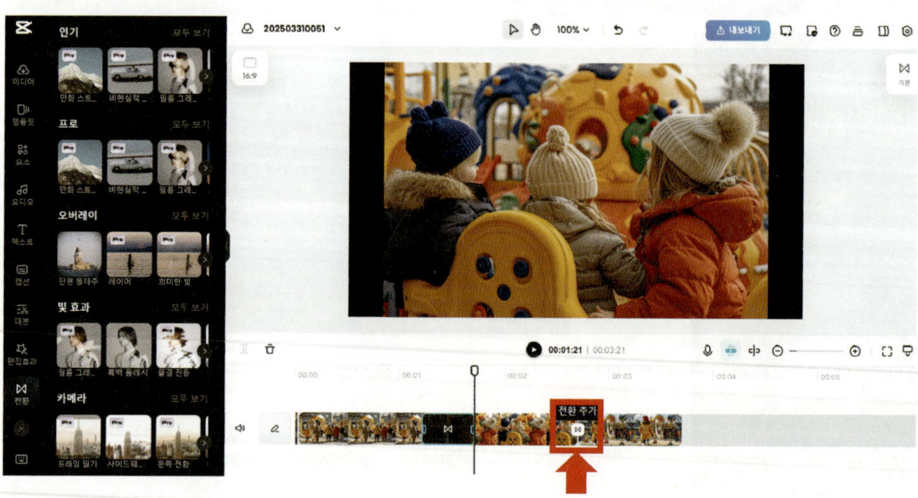

[그림 4-30] 캡컷(CapCut) 전환 추가하기

영상에 텍스트를 추가하면 정보 전달력이 높아지고 더 전문적인 느낌을 줄 수 있다. 캡컷(CapCut)에서는 다양한 방식으로 텍스트를 넣을 수 있어 현장 활동 영상을 더 풍성하게 만들 수 있다.

텍스트를 추가하는 방법은 크게 두 가지다. 첫 번째는 좌측 메뉴에서 '텍스트'를 클릭한 후 기본 텍스트 스타일을 선택하는 것이다. 이 방법은 간단하게 글자만 넣고 싶을 때 유용하다. 텍스트를 추가한 후 폰트, 크기, 색상, 정렬 등을 자유롭게 조절할 수 있다.

두 번째 방법은 미리 디자인된 텍스트 템플릿을 활용하는 것이다. 이 템플릿들은 애니메이션 효과가 적용된 상태라 더 역동적이고 전문적인 느낌을 준다. 책의 예시처럼 템플릿에 있는 영문 샘플을 "햇살반 봄나들이"와 같은 우리말로 바꾸기만 해도 멋진 타이틀이 완성된다.

텍스트 색상은 배경과 대비되는 색을 선택하는 것이 좋다. 가독성을 높이기 위해 텍스트 뒤에 반투명한 배경을 추가하거나, 외곽선(테두리)을 적용할 수도 있다.

[그림 4-31] 캡컷(CapCut) 다양한 요소 활용하기

영상 편집에서 가장 기본이면서도 중요한 것은 타임라인의 막대바(재생 헤드)를 잘 다루는 것이다. 이 막대바는 현재 어떤 장면이 미리보기 영역에 보이는지를 결정하는 핵심 도구다.

타임라인 상단에 있는 이 세로 막대바는 마우스로 좌우로 드래그해서 원하는 위치로 이동할 수 있다. 중요한 점은 편집하려는 정확한 지점에 막대바를 위치시켜야 한다는 것이다. 미리보기 영역에는 항상 이 막대바가 위치한 시점의 화면만 표시되기 때문이다.

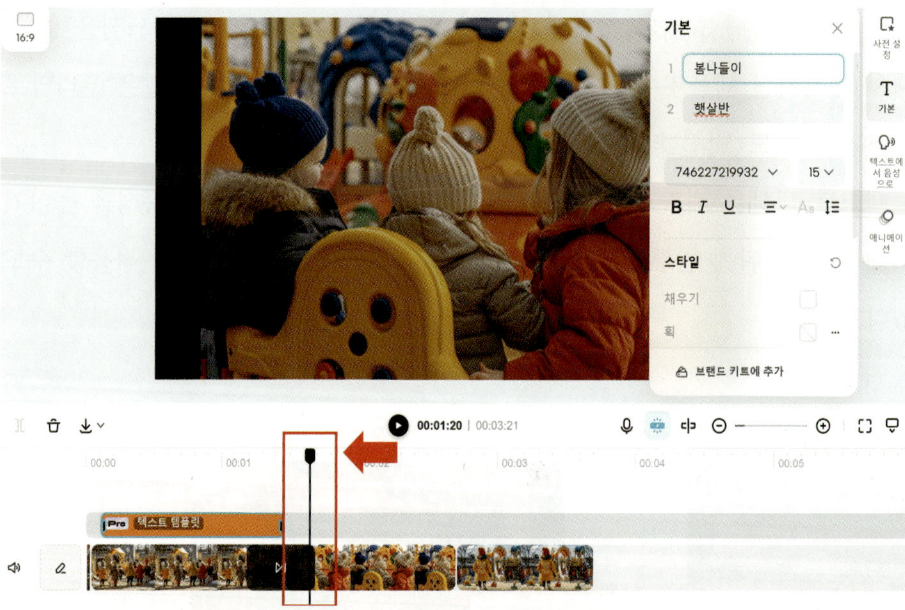

[그림 4-32] 캡컷(CapCut) 편집하기

우리는 지금 교육 현장에서 혁명적인 변화를 경험하고 있다. 챗GPT와 같은 생성형 AI부터 캔바(Canva), 리크래프트(Reecraft), 캡컷(CapCut) 같은 창작 도구까지, 기술의 발전은 현장 선생님들에게 상상 이상의 가능성을 열어 주고 있다.

불과 몇 년 전만 해도 전문가의 영역이었던 일들이 이제는 누구나 쉽게 할 수 있게 되었다. 가정통신문 작성에 한 시간을 쏟던 선생님이 이제는 AI의 도움으로 10분 만에 완성하고, 영상 편집을 위해 복잡한 프로그램을 배워야 했던 교사가 이제는 캡컷(CapCut)으로 전문가 수준의 영상을 손쉽게 만들 수 있다.

이런 변화의 핵심은 '시간'이다. 바쁜 현장 일상에서 가장 귀한 것은 유아들과 함께할 수 있는 시간이다. AI 도구들은 문서 작성, 교구 제작, 영상 편집 같은 부수적인 업무에 쏟는 시간을 획기적으로 줄여 준다. 그렇게 절약된 시간은 유아들과의 직접적인 상호작용, 개별 관찰, 더 창의적인 교육 활동 계획에 투자할 수 있다.

[그림 4-33] 생성형 인공지능을 활용하는 선생님의 모습

물론 AI가 교사의 역할을 대체할 수는 없다. 유아들의 발달을 세심하게 관찰하고, 따뜻한 관계를 형성하고, 개별 유아의 필요에 맞는 교육을 제공하는 것은 여전히 교사만의 고유한 영역이다. AI 도구는 이런 본질적인 교육 활동을 더 잘할 수 있도록 돕는 조력자일 뿐이다.

중요한 것은 이러한 도구들을 두려워하거나 거부하지 않고, 적극적으로 배우고 활용하는 자세다. 처음에는 낯설고 어렵게 느껴질 수 있지만, 이 책에서 소개한 것처럼 기본적인 사용법만 익히면 누구나 쉽게 시작할 수 있다. 작은 성공 경험을 쌓아 가며 점차 다양한 기능을 시도해 보는 것이 중요하다.

PART 2

유아교사를 위한 AI 인공지능의 실제

Chapter 05

AI를 활용한 수업의 실제

1 캔바(Canva) AI 사용하기

1) 캔바(Canva) 가입하기(https://www.canva.com/)

캔바(Canva) 첫 화면에 들어가면 로그인과 가입버튼이 우측상단에 보이는데 가입을 눌러 새로 가입을 진행한다.

[그림 5-1] 캔바(Canva) 첫 화면

아직 계정이 없다면 '가입' 버튼을 눌러 새로 가입을 진행하면 된다. 이메일로 가입하거나 구글, 페이스북 계정으로 간편하게 연결할 수도 있다.

[그림 5-2] 캔바(Canva) 로그인하기

학교 선생님은 캔바(Canva) 프리미엄 기능을 무료로 사용할 수 있다. 교육자 인증만 거치면 일반 사용자들이 월 구독료를 내고 써야 하는 고급 기능들을 모두 무료로 이용할 수 있어 큰 혜택이다.

프리미엄 기능을 쓰면 더 다양한 템플릿과 이미지, 폰트를 사용할 수 있고, 배경 제거 도구나 매직 리사이즈 같은 편리한 기능도 마음껏 활용할 수 있다. AI 이미지 생성이나 텍스트 작성 기능도 더 많이 사용할 수 있어, 교육 자료 제작이 훨씬 수월해진다.

[그림 5-3] 캔바(Canva) 학교 선생님으로 가입하기

캔바(Canva)에서 무료 프리미엄 혜택을 받을 수 있는 교육자 계정 신청 전에 자격 가이드라인을 꼼꼼히 확인하는 것이 좋다. 모든 교육 관련 종사자가 자동으로 혜택을 받는 것은 아니기 때문이다.(https://www.canva.com/ko_kr/education/)

자격 가이드라인

Canva에서는 학습이 선물이라고 생각합니다. 그래서 Canva for Education은 자격을 갖춘 교사와 학생에게 무료이며 전 세계에서 이용할 수 있고 어떤 국가에도 제한이 없습니다.

참고로, Canva for Education은 현재 K-12(초등학교 또는 중학교) 교사와 기관에서 사용할 수 있습니다. 고등교육 교사와 기관(대학 및 대학교)에서는 현재 사용할 수 없습니다.

Canva for Education에 액세스하려면 현재 다음 역할 중 하나를 수행하고 있어야 합니다.

- 정식으로 인증받은 학교의 K-12(초등학교 또는 중등학교) 교사로 현재 교직에 재직 중
- 인증된 K-12(초등학교 또는 중학교) 학교 사서
- 인증된 K-12(초등 또는 중등) 학습 지원 조수 또는 교사
- 인증된 K-12(초등 또는 중등) 커리큘럼 전문가
- 초등 또는 중등 학생을 가르치는 기술 또는 직업 학교의 인증된 교사(또는 이와 동등한 자격)

[그림 5-4] 캔바(Canva) 교육용 가입 자격 가이드 라인

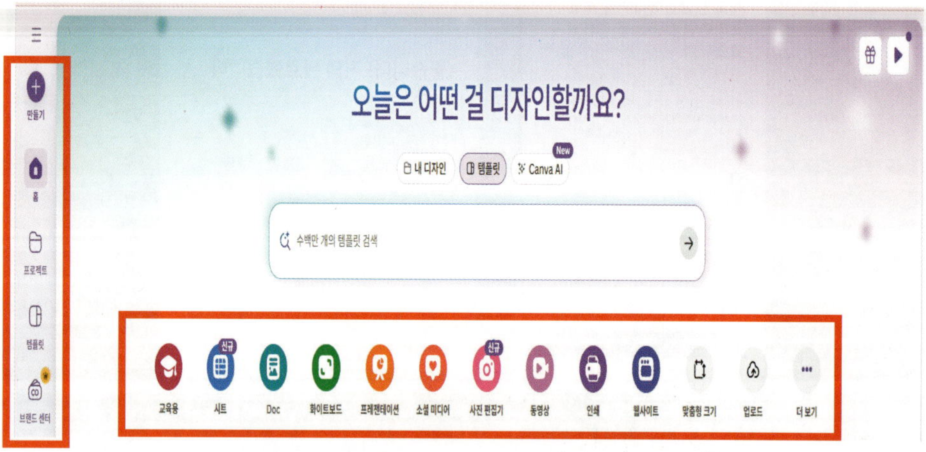

[그림 5-5] 캔바(Canva) 홈 화면 알아보기

자신이 원하는 크기, 용도에 따라 선택을 할 수 있다. 교육용으로 사용할 것인지 홍보용으로 사용할 것인지에 대해 생각하고 설정하면 된다. 원하는 사이즈가 없을 때는 맞춤형 크기를 클릭해서 사용하는 것도 할 수 있다.

2 캔바(Canva)를 활용한 유아교육현장 적용하기

[캔바(Canva) 홈 화면 아이콘 설명]

① 프로젝트: 내가 만든 작품들이 담아져 있는 카테고리이다.

② 템플릿: 다양한 템플릿을 검색하는 화면으로 이동한다.

③ 브랜드 센터: 브랜딩의 일관성을 유지하기 위한 브랜드 로고, 색상, 폰트 등을 설정하고 관리하는 화면이다.

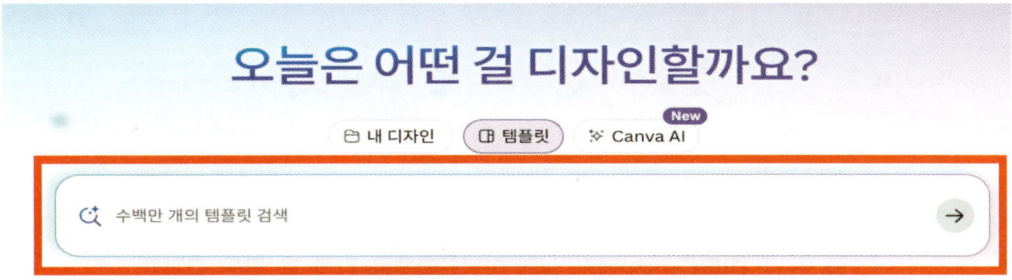

[그림 5-6] 캔바(Canva) 홈 화면에서 검색하기

디자인하고자 하는 키워드를 입력하고 →표시를 클릭하거나 Enter를 눌러서 검색할 수 있다.

필요에 따라 주제나 목적에 맞게 카테고리와 스타일을 지정해서 템플릿을 검색한다.

어린이집, 유치원에서는 카드뉴스로 알림장을 쓰는 경우도 많고 현장학습 안내문 등 다양한 안내문과 통신문을 만들어야 하는 경우가 있는데 그때 필요한 키워드에 맞춰 검색할 수 있다.

예를 들어, [가을]에 관련된 카드뉴스를 만들려고 하면 가을이라고 검색할 수도 있고 어린이, 유치원 등 두 가지의 키워드도 함께 검색해서 디자인을 찾아 볼 수 있다.

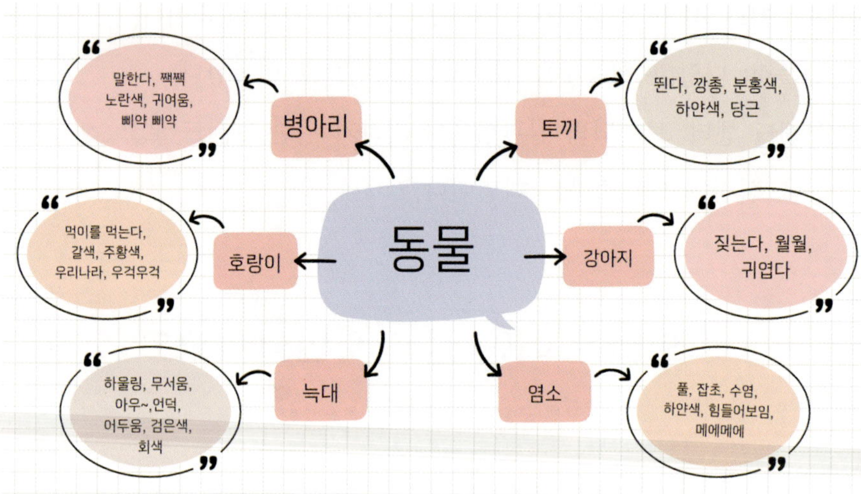

[그림 5-7] 캔바(Canva)에서 실제 마인드맵으로 검색 후 만든 결과물

1) 템플릿 고르기

가입을 완료하고 메인 화면에 들어가면 화면 중앙에 다양한 버튼들이 보인다. 프레젠테이션, 포스터, SNS 게시물 같은 자주 쓰는 형식들이 먼저 나오는데, 여기서 '더보기' 버튼을 누르면 훨씬 더 많은 템플릿 종류가 나타난다.

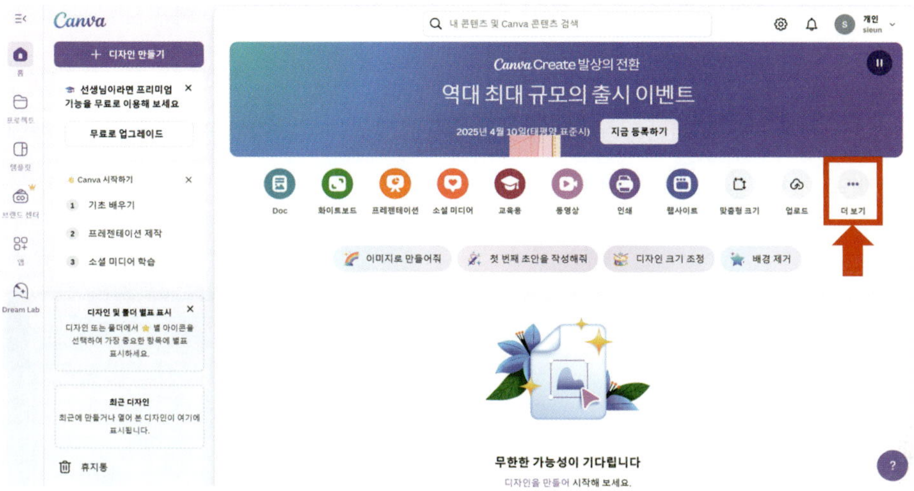

[그림 5-8] 캔바(Canva) 더보기

디자인 보기 화면에서 마음에 드는 템플릿을 발견했다면, 그냥 클릭만 하면 바로 사용할 수 있게 열린다. 예를 들어, '가정통신문' 템플릿을 클릭하면 새 창에서 편집 가능한 상태로 열려 바로 작업을 시작할 수 있다.

템플릿이 열리면 기존에 있던 모든 텍스트, 이미지, 디자인 요소를 자유롭게 수정할 수 있다. 텍스트를 클릭하면 바로 내용을 입력할 수 있고, 이미지를 클릭하면 다른 사진으로 교체할 수 있다. 글꼴, 색상, 크기 등도 상단 메뉴를 통해 쉽게 바꿀 수 있다.

특히 교육현장에서 교사들이 자주 만드는 가정통신문이나 안내장은 대부분 비슷한 형식이 반복되므로, 한 번 만들어 둔 디자인을 저장해 두고 내용만 바꿔서 계속 사용하면 시간을 크게 절약할 수 있다. 예를 들어, '월간 소식지' 템플릿을 한 번 만들어 두면 매월 내용만 업데이트해서 쓸 수 있다.

디자인을 열었는데 마음에 들지 않으면 언제든 다시 메인 화면으로 돌아가 다른 템플릿을 선택할 수 있다. 작업 중인 내용은 자동 저장되므로 걱정하지 않아도 된다. 여러 템플릿을 열어 보고 비교해 가며 가장 마음에 드는 디자인을 찾는 것도 좋은 방법이다.

[그림 5-9] 캔바(Canva) 디자인 만들기

2) 요소

메인 화면에서 '프레젠테이션'을 선택하면 다양한 디자인의 템플릿이 나타난다. 하지만 일반 비즈니스용이나 마케팅용 템플릿이 많아 교육기관에 적합한 디자인을 찾기가 쉽지 않을 수 있다.

이럴 때 상단의 검색창을 활용하면 정말 편리하다. 검색창에 '유치원', '어린이집', '누리과정', '영유아' 같은 키워드를 입력하면 해당 분야에 맞춤화된 템플릿만 모아서 보여 준다. 예를 들어, '유치원'이라고 검색하면 유아들 그림이 들어간 밝은 색상의 프레젠테이션, 학부모 설명회용 슬라이드, 교육계획 발표자료 등 현장 환경에 딱 맞는 디자인들이 나타난다.

더 구체적인 검색어를 사용하면 더 정확한 결과를 얻을 수 있다. '유치원 학부모 상담', '어린이집 행사 안내', '봄 학기 계획안' 같이 구체적으로 검색하면 목적에 딱 맞는 템플릿을 더 빨리 찾을 수 있다. 계절이나 행사 이름을 포함해서 검색하는 것도 좋은 방법이다.

검색 결과에서 마음에 드는 템플릿을 발견하면 클릭해서 바로 사용할 수 있다. 비슷한 디자인이 여러 개 있다면 각각 열어 보고 비교한 후 선택하는 것도 좋다.

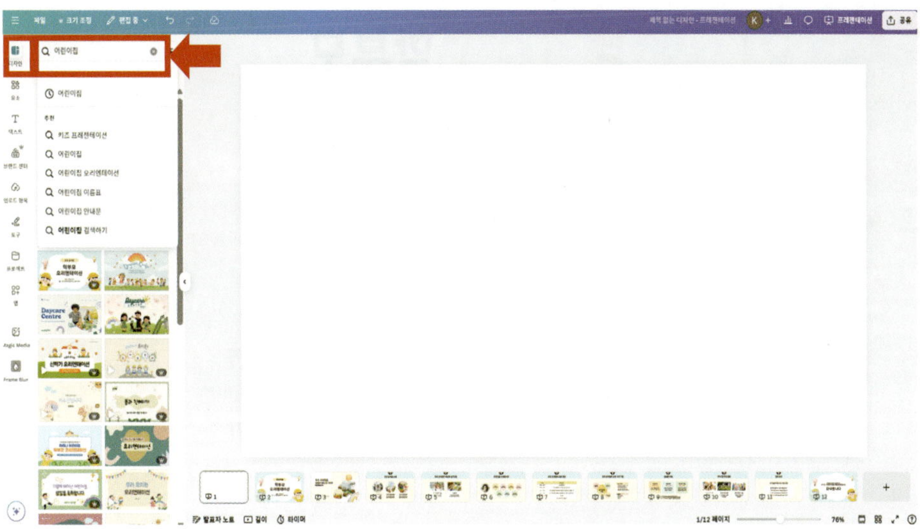

[그림 5-10] 캔바(Canva)로 디자인 검색하기

마음에 드는 템플릿을 클릭하면 오른쪽 캔버스 영역에 디자인이 자동으로 불러와진다. 이제 이 템플릿을 내 필요에 맞게 쉽게 편집할 수 있다.

슬라이드를 추가하고 싶다면 왼쪽 슬라이드 목록 아래의 '+' 버튼을 누르면 된다. 새 슬라이드는 현재 디자인과 일관성 있게 자동으로 생성된다.

이런 방법으로 클릭 몇 번으로 전문가처럼 보이는 디자인을 만들 수 있어, 디자인 경험이 없는 현장 교사들도 쉽게 멋진 자료를 만들 수 있다.

[그림 5-11] 캔바(Canva)로 오리엔테이션 만들기

3) 다양한 요소 기능 활용하기(그래픽, 도형, 프레임, 텍스트)

캔바(Canva)의 강점 중 하나는 다양한 그래픽 요소를 쉽게 활용할 수 있다는 점이다. 왼쪽 메뉴에서 '요소'를 클릭하면 수많은 그래픽, 도형, 프레임, 스티커 등을 볼 수 있다.

유아교육현장에 필요한 자료에 맞는 귀여운 그래픽을 찾으려면 검색 기능이 유용하다. 상단 검색창에 '어린이집', '유치원', '아이들', '놀이', '동물' 같은 키워드를 입력하면 관련 그래픽만 모아서 보여 준다. 예를 들어, '어린이집'이라고 검색하면 아이들 캐릭터, 장난감, 학용품, 놀이 도구 등 교육 환경에 어울리는 귀여운 그래픽들이 쭉 나열된다.

계절이나 행사에 맞는 그래픽을 찾을 때는 '봄', '여름', '가을', '겨울', '크리스마스', '어린이날' 같은 키워드로 검색하면 좋다. 활동 유형별로 찾을 때는 '미술', '음악', '체육', '과학' 같은 키워드가 유용하다.

그래픽 요소를 활용하면 단순한 문서도 유아들의 눈길을 끄는 생동감 있는 자료로 변신한다. 특히 가정통신문이나 활동 안내문에 관련 그래픽을 몇 개 추가하는 것만으로도 훨씬 보기 좋은 디자인이 된다.

[그림 5-12] 캔바(Canva)로 그래픽 검색하기

그래픽뿐만 아니라 실제 사진도 캔바(Canva)에서 쉽게 찾아 사용할 수 있다. 왼쪽 메뉴에서 '사진'을 클릭하면 수백만 장의 고품질 사진 라이브러리에 접근할 수 있다.

검색창에 '00 유치원/어린이집'이라고 입력하면 교실 환경, 놀이 중인 유아들, 교구 사진 등 어린이집 관련 이미지들이 모두 모아서 보여진다. 더 구체적인 검색어를 사용하면 더 정확한 결과를 얻을 수 있다. '블록 놀이', '실외 활동', '급식 시간', '미술 활동' 같이 구체적으로 검색하면 원하는 장면의 사진을 더 빨리 찾을 수 있다.

마음에 드는 사진을 클릭하면 바로 캔버스에 추가된다. 추가된 사진은 크기 조절, 자르기, 필터 적용 등 다양한 방식으로 편집할 수 있다. 여러 장의 사진을 콜라주 형태로 배치할 수도 있어 활동 기록이나 학부모 안내자료를 만들 때 유용하다.

특히 교육 활동 계획안이나 학부모 설명회 자료를 만들 때 관련 사진을 함께 넣으면 내용을 더 잘 이해시킬 수 있다. 예를 들어, '숲 체험 활동' 계획을 설명할 때 자연 속 유아들 사진을 함께 넣으면 활동의 의미가 더 잘 전달된다.

캔바(Canva)의 모든 사진은 상업적 용도로도 사용 가능하니 저작권 걱정 없이 안심하고 쓸 수 있다. 물론 직접 찍은 사진을 업로드해서 사용할 수도 있다. 왼쪽 메뉴의 '업로드' 버튼을 클릭해 컴퓨터에 저장된 사진을 불러오면 된다.

[그림 5-13] 캔바(Canva)에서 사진 활용하기

캔바(Canva)의 '요소' 메뉴에서 가장 유용한 기능 중 하나는 바로 프레임이다. 특히 여러 장의 사진을 깔끔하게 정리해야 하는 활동 기록이나 가정통신문에 편리하다.

프레임 사용법은 매우 간단하다. 먼저 왼쪽 메뉴의 '요소'에서 '프레임'을 찾아 원하는 모양(원형, 사각형, 하트 등)을 선택해 캔버스에 배치한다. 그런 다음 사진을 프레임 근처로 드래그하면 마법처럼 사진이 프레임 안에 딱 맞게 들어간다. 사진이 너무 크거나 작아도 걱정할 필요 없이 자동으로 프레임 크기에 맞춰진다.

이 기능은 '이달의 활동' 소식지나 '우리 반 모습' 같은 콜라주를 만들 때 특히 유용하다. 여러 프레임을 나란히 배치하고 각각 다른 활동 사진을 넣으면, 사진 크기가 제각각이어도 균일한 디자인으로 완성된다. 모든 사진이 같은 크기와 모양으로 정리되니 훨씬 전문적으로 보인다.

프레임 안의 사진은 드래그해서 위치를 조정할 수도 있다. 예를 들어, 유아의 얼굴이 프레임 중앙에 오도록 사진을 움직일 수 있다. 프레임 자체의 크기나 모양도 자유롭게 변경할 수 있어 디자인의 자유도가 높다.

특히 '그리드' 형태의 프레임을 사용하면 여러 장의 사진을 균일한 간격으로 배치할 수 있어, 학기말 활동 정리나 행사 사진첩을 만들 때 시간을 크게 절약할 수 있다. 사진 한 장 한 장 크기를 맞추는 번거로움 없이 깔끔한 결과물을 얻을 수 있다.

[그림 5-14] 캔바(Canva)에서 프레임 활용하기

템플릿 안에 있는 원형이나 사각형 프레임에 내 사진을 넣는 방법은 정말 간단하다. 이미 디자인에 있는 샘플 이미지 대신 우리 유아들 사진으로 바꾸고 싶을 때 유용하다.

먼저 왼쪽 메뉴에서 '업로드' 버튼을 클릭해 내 컴퓨터에 있는 사진을 캔바(Canva)로 가져온다. 여러 장의 사진을 한 번에 선택해 올릴 수도 있다. 업로드된 사진은 왼쪽 패널에 나타난다.

이제 이 사진을 템플릿에 있는 프레임 근처로 드래그하면 마법처럼 프레임 안에 딱 맞게 들어간다. 원형 프레임이면 사진이 원형으로 잘리고, 하트 모양이면 하트 모양으로 잘린다. 별도의 편집 과정 없이 자동으로 프레임에 맞춰지니 유용하게 활용할 수 있다.

[그림 5-15] **캔바(Canva)로 유치원, 어린이집 소개 만들기**

캔바(Canva)의 도형 기능은 생각보다 훨씬 다양하게 활용할 수 있다. 원, 타원, 사각형, 삼각형 등 기본 도형부터 별, 말풍선, 화살표 같은 특수 도형까지 다양하게 제공된다.

도형을 추가하려면 왼쪽 메뉴의 '요소'에서 '도형'을 선택하면 된다. 원하는 도형을 클릭하면 캔버스에 바로 추가되고, 크기와 색상을 자유롭게 조절할 수 있다. 특히 색상은 현장 분위기에 맞게 밝고 경쾌한 색으로 쉽게 바꿀 수 있다.

도형의 가장 유용한 점은 그 안에 텍스트를 넣을 수 있다는 것이다. 도형을 선택한 상태에서 텍스트를 입력하면 도형 중앙에 글자가 나타난다. 이 기능은 특히 '우리 반 약속', '이달의 목표', '오늘의 활동' 같은 제목이나 강조 문구를 만들 때 효과적이다.

예를 들어, 원형 도형 안에 “정리해요”라고 쓰거나, 별 모양 안에 “이 달의 친구”라고 쓰면 유아들의 눈길을 끄는 디자인 요소가 된다. 말풍선 도형에 교사나 유아들의 대화를 넣으면 더 생동감 있는 안내문을 만들 수 있다.

도형과 텍스트를 조합해 활용하면 활동 순서도, 간단한 차트, 체크리스트 등도 쉽게 만들 수 있다. 예를 들어, 원형 도형에 숫자를 넣고 화살표로 연결하면 활동 순서를 시각적으로 보여 줄 수 있다.

이렇게 도형과 텍스트를 활용하면 단순한 문서도 유아들과 학부모의 관심을 끄는 시각적으로 풍성한 자료로 변신한다. 디자인 전문가가 아니어도 쉽게 전문적인 결과물을 만들 수 있다.

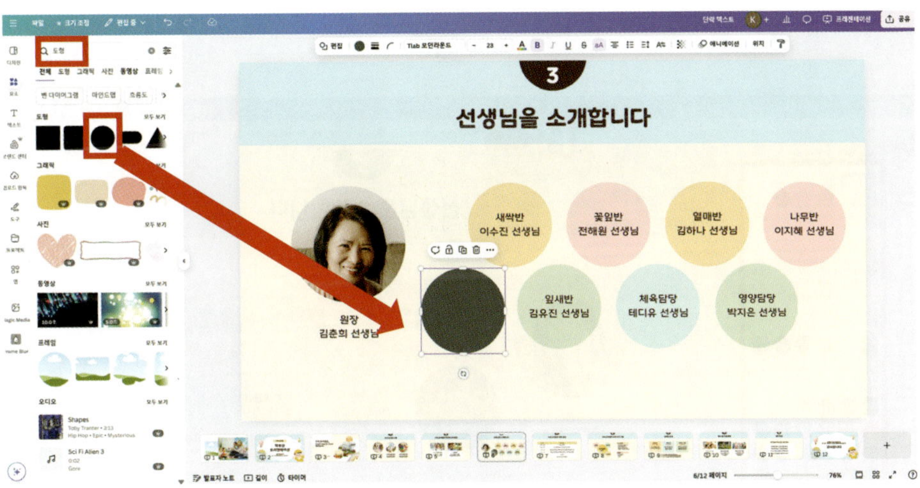

[그림 5-16] 캔바(Canva)에서 도형 활용하기

도형의 색상을 바꾸고 싶다면 도형을 클릭해 선택한 다음, 상단 메뉴바에 있는 색상 버튼을 누르면 왼쪽에 다양한 색상 옵션이 담긴 패널이 나타난다.

교육현장에서 자료를 만들 때는 밝고 경쾌한 색상이 많이 사용된다. 봄 활동 안내에는 연두색이나 분홍색, 여름에는 파란색 계열, 가을에는 주황색이나 갈색, 겨울에는 하늘색이나 보라색 등 계절감을 살린 색상을 선택하면 좋다.

색상 코드를 직접 입력할 수도 있어, 어린이집이나 유치원의 상징색이 있다면 그 색상을 정확히 사용할 수 있다. 또한 현재 사용 중인 색상은 자동으로 '최근 사용한 색상'에 저장되어 일관된 색상 테마를 유지하기 편리하다.

투명도 조절도 가능해서, 배경에 반투명 도형을 깔고 그 위에 텍스트를 올리면 가독성을 높이면서도 세련된 디자인을 만들 수 있다. 예를 들어, 사진 위에 반투명한 사각형을 올리고 그 위에 텍스트를 넣으면 사진이 비치면서도 글자가 선명하게 보인다.

[그림 5-17] **캔바(Canva) 도형 색깔 바꾸기**

캔바(Canva)에서 텍스트 작업은 정말 간단하면서도 다양한 옵션이 있다. 왼쪽 메뉴의 '요소' 하단에 있는 '텍스트' 버튼을 클릭하면 제목, 부제목, 본문 등 다양한 텍스트 스타일을 선택할 수 있다.

원하는 텍스트 스타일을 클릭하면 캔버스에 샘플 텍스트가 추가되고, 이를 클릭해 원하는 내용으로 바꿀 수 있다. 텍스트를 선택한 상태에서 상단 메뉴를 보면 글꼴, 크기, 색상, 굵기, 정렬 등 다양한 편집 옵션이 나타난다.

글꼴은 정말 다양하게 제공된다. 공식 문서에 어울리는 단정한 글꼴부터 유아들 활동 포스터에 어울리는 귀여운 글꼴까지 선택의 폭이 넓다. 특히 한글 글꼴도 많이 지원해 가정통신문이나 안내문을 만들 때 유용하다.

색상도 자유롭게 바꿀 수 있어 문서의 분위기를 조절하기 좋다. 중요한 내용은 눈에 띄는 색상으로, 부가 설명은 조금 연한 색상으로 구분하면 가독성이 높아진다. 색상 팔레트에서 선택하거나, 직접 색상 코드를 입력할 수도 있다.

텍스트에 그림자, 테두리, 곡선 효과 등을 추가할 수도 있어 더 입체적인 디자인이 가능하다. 예를 들어, "봄 소풍 안내"라는 제목에 그림자 효과를 주면 더 돋보이게 만들 수 있다.

여러 텍스트 블록을 함께 사용해 정보를 체계적으로 구성할 수 있다. 제목은 큰 글씨와 밝은 색상으로, 세부 내용은 작은 글씨로 구분하면 정보 전달이 더 효과적이다. 이런 텍스트 편집 기능을 활용하면 단순한 안내문도 읽기 쉽고 시각적으로 매력적인 문서로 바뀐다.

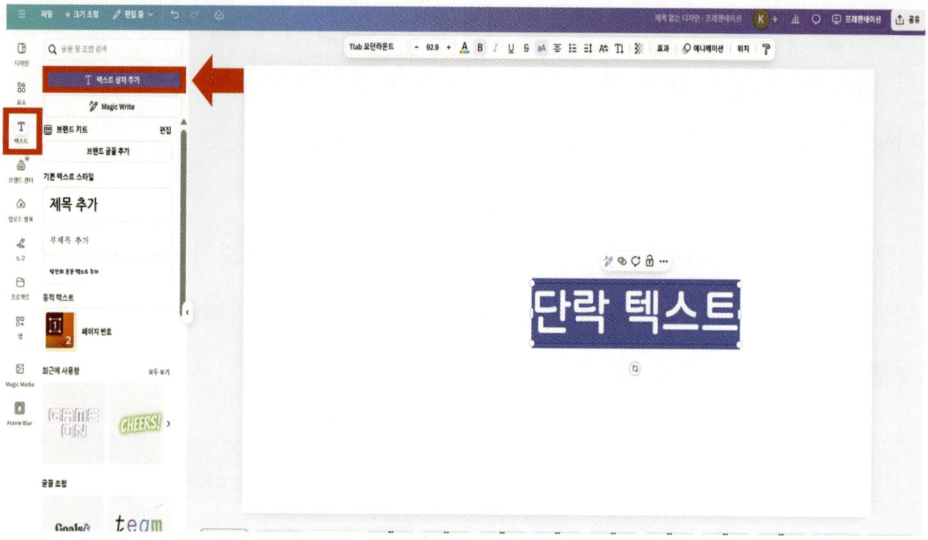

[그림 5-18] **캔바(Canva) 텍스트 상자 활용하기**

캔바(Canva)에서 제공하는 이미지도 좋지만, 실제 우리 유아들 활동 모습이나 교실 환경을 담은 사진을 사용하고 싶을 때가 많다. 내 사진을 캔바(Canva)에 추가하는 방법은 두 가지로 매우 간단하다.

첫 번째 방법은 컴퓨터에 있는 사진을 직접 캔바(Canva) 화면으로 드래그하는 것이다. 컴퓨터의 파일 탐색기에서 사진을 선택해 캔바(Canva) 작업 화면으로 끌어다 놓기만 하면 바로 업로드된다. 여러 장의 사진을 한 번에 선택해 드래그할 수도 있어 단체 활동 사진을 한꺼번에 올릴 때 편리하다.

두 번째 방법은 왼쪽 메뉴의 '업로드' 버튼을 이용하는 것이다. 이 버튼을 클릭하면 '파일 업로드' 옵션이 나타나고, 이를 선택하면 컴퓨터에서 사진을 찾아 추가할 수 있다. 이 방법은 여러 폴더에 있는 사진들을 차례로 선택해 올릴 때 유용하다.

사진을 업로드한 후에는 크기 조절, 자르기, 필터 적용, 배경 제거 등 다양한 편집이 가능하다. 특히 '배경 제거' 기능은 유아들 모습만 오려 내 다양한 배경과 합성할 수 있어 창의적인 디자인에 유용하다.

이렇게 직접 찍은 사진을 활용하면 가정통신문, 활동 기록, 학부모 상담 자료 등이 훨씬 더 생생하고 의미 있게 완성된다. 유아들과 학부모들도 익숙한 얼굴과 환경이 담긴 자료에 더 관심을 보이고 내용을 잘 기억한다.

[그림 5-19] 캔바(Canva)에서 사진 업로드 하기

캔바(Canva)의 재미있는 기능 중 하나는 AI로 이미지를 즉석에서 생성할 수 있다는 점이다. 이 기능을 사용하면 필요한 그림이나 사진을 찾아 헤매지 않고 바로 만들어 쓸 수 있어 정말 편리하다.

AI 이미지 생성 기능을 사용하려면 상단 메뉴의 '앱'을 클릭한 후 '매직 미디어'를 선택하면 된다. 처음 사용할 때는 기능 추가 과정을 거치게 되는데, 한 번 추가해 두면 이후에는 왼쪽 메뉴바에 항상 남아 있어 언제든지 쉽게 접근할 수 있다.

이 기능은 특히 현장 교사들에게 유용하다. 계절 활동, 특별한 행사, 교육 주제에 딱 맞는 이미지가 필요할 때 즉시 만들어 사용할 수 있기 때문이다. "가을 낙엽을 모으는 유아들", "과학 실험을 하는 유아들", "크리스마스 파티 중인 교실" 같은 구체적인 장면도 쉽게 만들 수 있다.

생성된 이미지는 캔버스에 바로 추가할 수 있고, 크기 조절이나 필터 적용 등 일반 이미지와 동일하게 편집할 수 있다. 마음에 들지 않으면 같은 설명으로 여러 번 다시 생성할 수도 있어, 원하는 스타일의 이미지를 찾을 때까지 시도해 볼 수 있다.

이 AI 이미지 생성 기능을 활용하면 가정통신문, 활동 계획안, 교실 환경구성 자료 등을 만들 때 딱 맞는 이미지를 빠르게 확보할 수 있어 디자인 작업이 한결 수월해진다.

4) 매직 미디어(Magic Media)로 이미지 생성

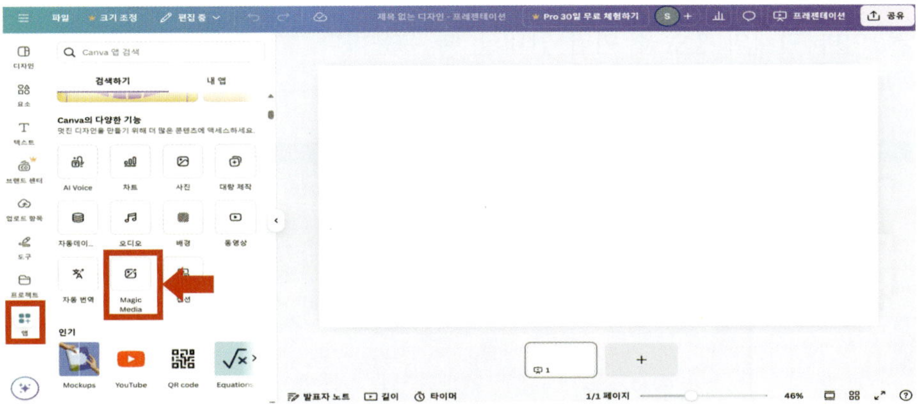

[그림 5-20] 매직 미디어(Magic Media) 활용하기

'매직 미디어' 기능에서 텍스트 입력창에 원하는 이미지를 입력한다. 예를 들어, "봄 꽃으로 둘러싸인 교실에서 그림 그리는 4세 유아들, 밝은 색감, 따뜻한 분위기"라고 입력하면 몇 초 만에 이 설명에 맞는 이미지가 생성된다.

설명이 구체적일수록 더 정확한 이미지가 만들어진다. 인물의 수, 배경, 행동, 분위기, 색감, 스타일 등을 자세히 적으면 원하는 장면에 가까운 결과물을 얻을 수 있다. "실외 놀이터에서 모래놀이 하는 5명의 유아들, 맑은 날씨, 밝은 색감, 귀여운 만화 스타일"처럼 구체적으로 요청하는 것이 좋다.

이 기능은 특정 교육 주제나 활동에 맞는 이미지가 필요할 때 큰 도움이 된다. "우주 탐험 놀이 중인 유아들", "전통 한복 입고 절하는 유아들", "텃밭에서 상추 수확하는 유아들" 같은 특수한 장면도 즉시 만들 수 있다.

이렇게 만든 이미지는 가정통신문, 주간 계획안, 활동 안내 포스터, 교실 환경구성 등 다양한 교육 자료에 활용할 수 있다. 특히 실제 사진을 찍기 어려운 상황이나 미래의 활동을 미리 안내할 때 유용하다.

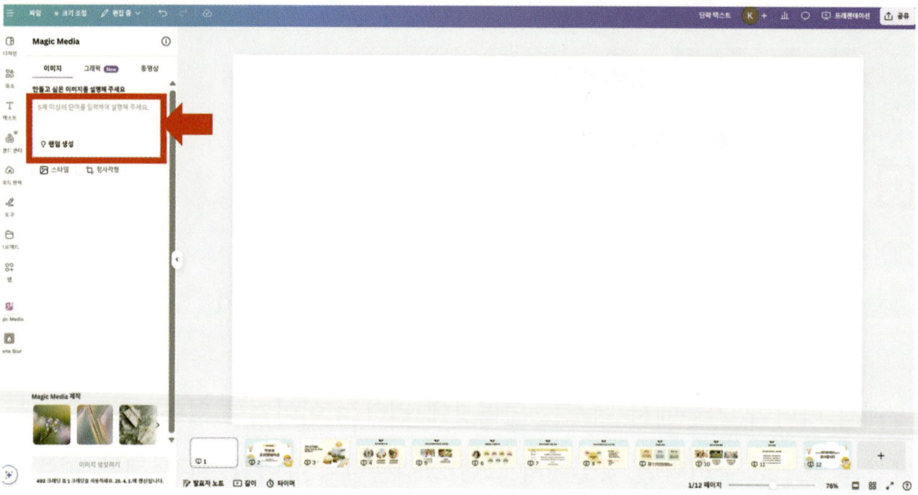

[그림 5-21] 매직 미디어(Magic Media) 활용하기

AI 이미지 생성 시 기본 설정으로도 좋은 결과물이 나오지만, '스타일' 옵션을 활용하면 더 다양하고 상황에 맞는 이미지를 만들 수 있다. 이 기능은 같은 내용이라도 전혀 다른 느낌으로 표현할 수 있게 해 준다.

'매직 미디어' 기능에서 텍스트를 입력한 후 '스타일' 버튼을 클릭하면 다양한 스타일 옵션이 나타난다. 사실적인 사진 스타일부터 수채화, 만화, 일러스트, 3D, 팝아트, 클레이 등 다양한 예술 스타일 중에서 선택할 수 있다.

예를 들어, "숲속에서 나무를 관찰하는 유아들"이라는 같은 내용이라도, '사실적' 스타일을 선택하면 실제 사진처럼 보이는 이미지가 생성되고, '만화' 스타일을 선택하면 귀여운 애니메이션 같은 그림이 만들어진다. '수채화' 스타일을 선택하면 부드럽고 예술적인 느낌의 이미지가 생성된다.

이 스타일 선택 기능은 자료의 목적과 대상에 맞게 이미지 톤을 조절할 때 유용하다. 학부모 대상 공식 안내문에는 사실적인 스타일이, 유아들을 위한 활동 포스터에는 밝고 귀여운 만화 스타일이, 특별한 행사 초대장에는 예술적인 수채화나 일러스트 스타일이 어울릴 수 있다.

교육 주제에 따라서도 스타일을 달리할 수 있다. 과학 활동에는 좀 더 사실적인 스타일이, 동화 구연에는 동화책 일러스트 스타일이, 창의 활동에는 추상적이고 상상력을 자극하는 스타일이 적합할 수 있다.

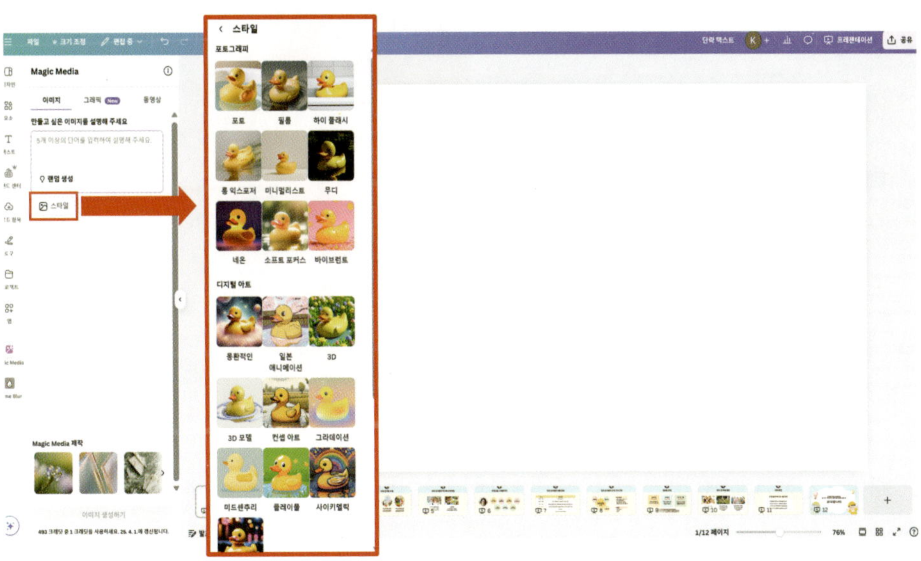

[그림 5-22] 스타일 선택하기

이미지뿐만 아니라 다양한 그래픽 요소도 AI로 손쉽게 만들 수 있다. 사용 방법은 이미지 생성과 동일하다. '매직 미디어' 기능에서 원하는 그래픽을 설명하는 텍스트를 입력하면 된다. 예를 들어, "동물 모양의 귀여운 아이콘 세트", "봄 꽃 패턴 배경", "유치원 활동 관련 심플한 라인 아이콘" 등을 요청할 수 있다.

AI 그래픽 생성 기능은 디자인 실력이 없어도 전문가처럼 보이는 교육 자료를 만들 수 있게 해 주는 강력한 도구다. 특히 교사들이 직접 그리기 어려운 복잡한 그래픽이나 일관된 스타일의 아이콘 세트 등을 쉽게 만들 수 있어 교육 자료의 질을 한층 높여 준다.

[그림 5-23] 그래픽 활용하기

5) 콘텐츠 저장하기

캔바(Canva)에서 열심히 만든 디자인 작업을 마쳤다면, 이제 이를 다운로드해서 실제로 활용할 차례다. 캔바(Canva)는 다양한 형식으로 작품을 저장할 수 있어 용도에 맞게 선택할 수 있다.

화면 오른쪽 상단에 있는 '공유' 버튼을 클릭하면 다운로드 옵션이 나타난다. 여기서 PDF, PowerPoint(PPTX), PNG, JPG, SVG 등 다양한 파일 형식 중 필요한 것을 선택할 수 있다.

각 형식은 사용 목적에 따라 선택하면 좋다:

- PDF: 가정통신문이나 안내문처럼 인쇄할 예정이거나 문서 형태로 공유할 때 가장 적합하다. 모든 디바이스에서 동일하게 보이고 텍스트 품질이 유지된다.
- PowerPoint(PPTX): 학부모 설명회나 교사 회의용 발표 자료로 만들었다면 이 형식으로 다운로드하면 좋다. 슬라이드별로 편집 가능한 상태로 저장되어 추후 수정이 가능하다.
- PNG/JPG: 소셜 미디어에 공유하거나 메시지로 보낼 때 적합하다. PNG는 배경이 투명하게 처리될 수 있어 포스터나 로고에 좋고, JPG는 파일 크기가 작아 빠르게 공유하기 좋다.
- SVG: 크기를 자유롭게 조절해도 품질이 떨어지지 않는 벡터 형식이다. 로고나 아이콘처럼 다양한 크기로 활용할 예정이라면 이 형식이 좋다.

다운로드 시 페이지 범위나 품질 설정도 가능하다. 여러 페이지로 된 문서라면 전체 또는 특정 페이지만 선택해서 다운로드할 수 있다.

완성된 디자인은 캔바(Canva) 계정에 자동으로 저장되므로, 나중에 다시 접속해서 수정하거나 비슷한 디자인을 만들 때 템플릿으로 활용할 수도 있다.

이렇게 다양한 형식으로 다운로드할 수 있어 같은 디자인을 인쇄물, 디지털 화면, 온라인 공유 등 여러 방식으로 활용할 수 있다. 현장에서 만든 안내문을 인쇄해서 배포하면서 동시에 학부모 단체 채팅방에 이미지로 공유하는 등 다목적으로 사용할 수 있어 매우 편리하다.

[그림 5-24] 캔바(Canva) 결과물 다운로드 하기

템플릿을 찾고 나서 내가 원하는 부분은 삭제를 할 수도 있고 다른 사진을 업로드 해서 사용할 수도 있다.

요소	요소는 말풍선, 화살표, 도형, 그래픽, AI이미지 생성기 등 내가 원하는 모양을 검색해서 찾을 수 있는 역할을 한다.
텍스트	텍스트는 제목, 부제목을 만들 수 있으며 내가 원하는 글꼴, 스타일을 설정할 수 있다. pro일 때 사용할 수 있는 Magic Write부분도 이때 사용할 수 있다.
업로드 항목	업로드 항목 부분에서 내컴퓨터에 있는 사진, 핸드폰을 사용할 때는 핸드폰에 있는 사진을 불러와서 업로드 후 사용하고 싶은 곳에 불러와서 사용할 수 있다.
도구	도구는 선택을 하거나 Draw, 도형, 선, 스티커 메모, 텍스트, 표를 사용할 수 있다.

■ 캔바(Canva)로 컬러링북 만들기

현장에서 생활하다보면 내가 원하는 색칠공부를 찾지 못할 때가 많다. 항상 그때마다 아쉬웠는데 캔바(Canva)를 활용해서 충분하게 내가 만들고 싶은 컬러링북도 만들 수 있어 방법을 소개한다.

1. 캔바(Canva)에 접속해서 [디자인 만들기-인쇄제품-전단지(세로형)]을 클릭해서 사이즈를 정한다.

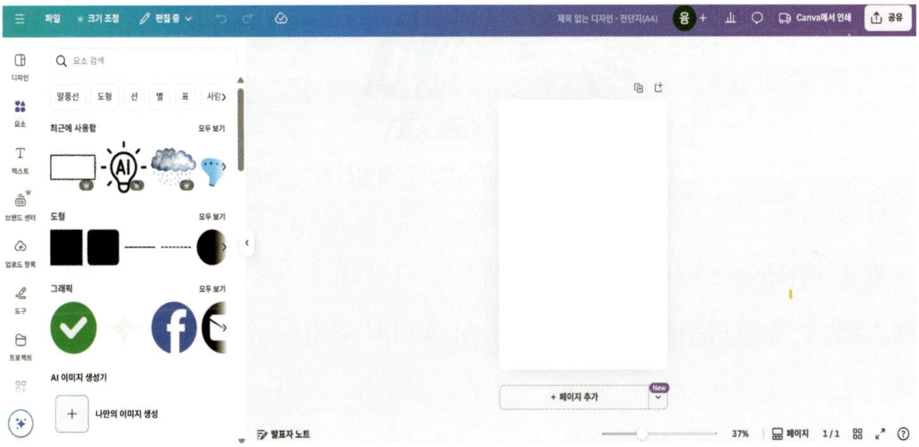

[그림 5-25] 캔바(Canva)에서 컬러링북 만들기

왼쪽 사이드 "요소"를 클릭해서 색칠하기, 색칠공부, 컬러링 등을 검색하면 다양한 모양들이 나온다.

내가 꽃이 필요할 때는 꽃 색칠하기, 나무가 필요할 때는 나무 색칠하기를 검색해서 주제에 맞고 유아들의 흥미에 맞게 적재적소에 사용할 수 있다.

[그림 5-26] 캔바(Canva)에서 색칠하기 검색하기

색칠하기보다는 컬러링이라고 검색하니 다양한 결과물이 나왔다. 실제 연령에 맞게 쉬운 그림부터 어려운 그림까지 찾아서 작업할 수 있으니 정말 유용하다.

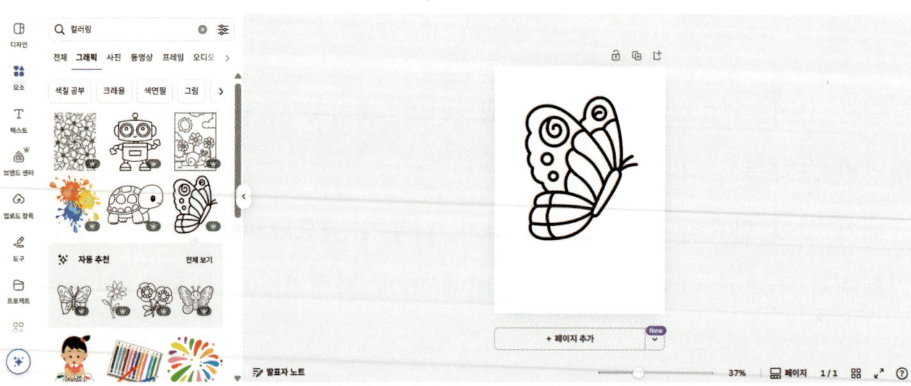

[그림 5-27] 캔바(Canva)에서 나비 컬러링북 만들기

글씨를 배워 가는 연령이라면 밑에 글씨도 함께 만들어 줄 수 있는 장점도 있다. 나비, 곰 등 간단한 색칠하기부터 명화 색칠해 보기 등 점점 난이도를 높여 가면서 유아들이 컬러링북을 잘 사용할 수 있도록 도움을 주면 좋을 것 같다.

[그림 5-28] 캔바(Canva)에서 나비 글자따라쓰기 활동지 만들기

이렇게 캔바(Canva)는 무궁무진하게 결과물을 만들 수 있으며, 왕관표시가 있는 pro버전은 빼고 무료를 활용해도 좋고 pro버전으로 사용해도 유용하게 사용할 수 있는 것들이 많이 있다.

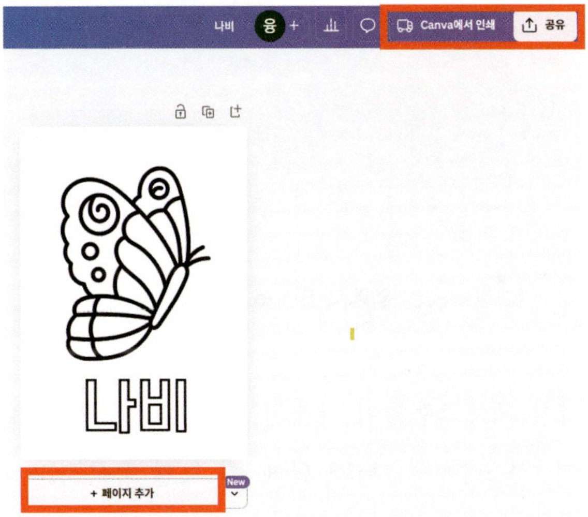

[그림 5-29] 캔바(Canva)를 활용해서 완성한 컬러링북

다 완성하고 나면 페이지 추가를 눌러서 추가적으로 작업을 계속할 수 있다. 다 완성되고 나서는 canva에서 인쇄해서 직접 인쇄를 맡길 수도 있고 공유를 해서 내가 저장하고 싶은 형태로 저장해서 출력을 해서 사용하는 방법도 있다.

■ 캔바(Canva)에서 재미있는 퀴즈/빙고 만들기

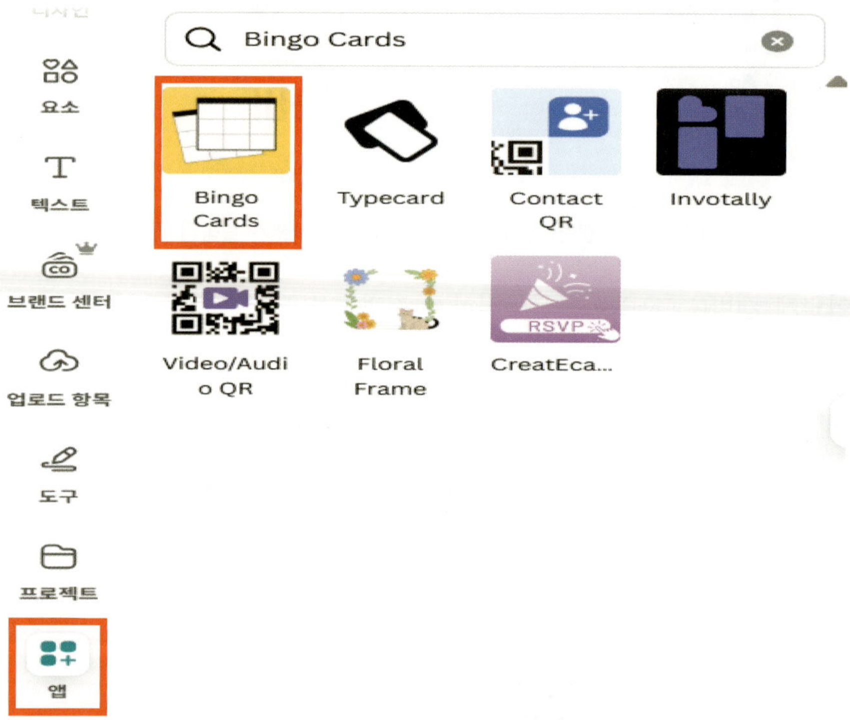

[그림 5-30] 앱에서 Bingo Cards를 활용하기

앱 안에는 다양한 프로그램들이 탑재되어 있다. 그중에서 Bingo Cards를 활용해 보려고 한다. 빙고는 6, 7세와 함께 해 보면 유용하다.

Bingo Cards를 클릭하면 설정을 할 수 있도록 나오는데 이때 유아들과 함께 할 빙고 주제를 정하고 떠오르는 단어들을 이야기 나눠 본 후 빙고를 만들 수 있다.

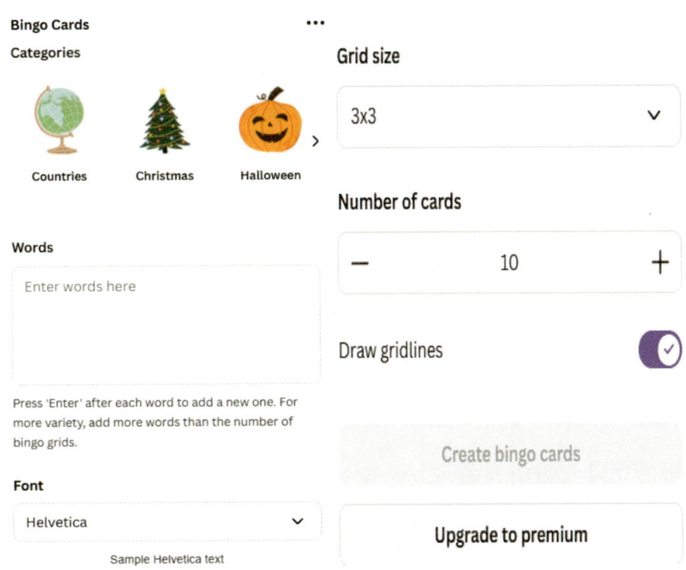

[그림 5-31] Bingo cards 만드는 방법

Bingo Cards를 만들 때 단어가 겹칠 수 있으니 엔터를 눌러서 만드는 것이 중요하다. Grid size는 4*4로 설정을 해야 한다. Number of cards의 단어를 몇 개를 할지도 미리 정해 두는 것이 좋다.

▪ 캔바(Canva)의 AI도구

캔바(Canva)에도 AI도구가 들어와 있어 꼭 챗GPT에서 작업하지 않고도 캔바(Canva) 안에서 모든 것을 해결해 결과물을 만들 수 있게 되었다.

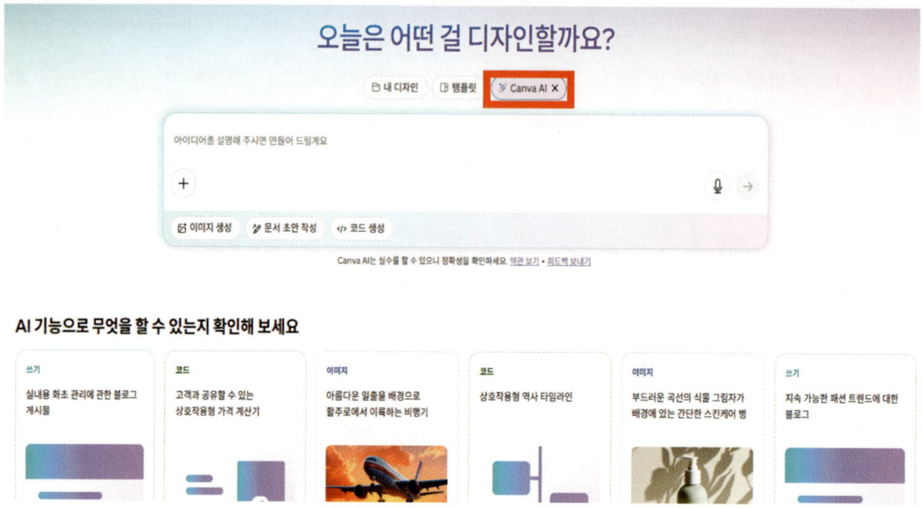

[그림 5-32] **캔바(Canva) AI 활용하기**

캔바(Canva) 첫 화면에서 Canva AI를 클릭하면 프롬프트를 입력할 수 있는 창이 뜨는데 원하는 이미지를 찾을 때는 "한국"이라는 단어를 꼭 넣어서 작업을 하는 것이 중요하다.

이렇게 캔바(Canva)는 실제 현장에서 무궁무진하게 활용되고 있다. 때에 맞춰 만들어야 하는 가정통신문, 현장학습 안내문, 환경의 날 안내문 등을 만들어야 하는데 항상 내가 원하는 도안이 없어서 아쉬움이 많았었는데 이제는 캔바(Canva) 안에서 다 활용할 수 있게 되어 용이하다.

Chapter

06

AI를 활용한 이미지 생성하기

1 어도비파이어플라이(Adobe firefly)를 활용하여 이미지 생성하기

손쉽게 이미지를 만들거나 텍스트를 벡터로 만들기, 사운드 만들기 등 다양한 기능들이 탑재되어 있는 사이트를 소개한다.

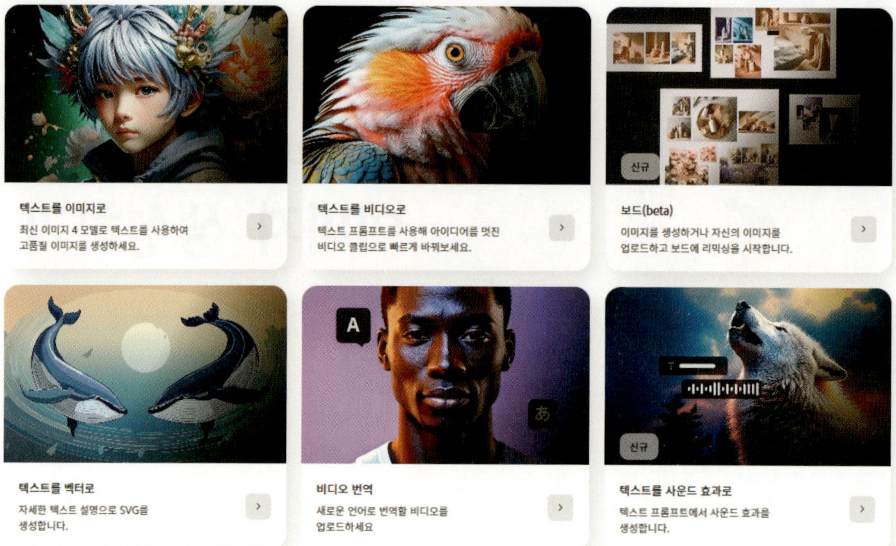

[그림 6-1] 어도비파이어플라이(Adobe firefly) 활용하기

어도비파이어플라이(Adobe firefly)에서는 텍스트를 이미지로, 텍스트를 비디오로, 보드, 텍스트를 벡타로, 비디오 번역, 텍스트를 사운드 효과로 변환할 수 있는 기능들이 많이 탑재되어 있다.

예전에는 이미지를 만들거나 영상을 만들 때 많은 시간과 노력이 필요했는데 이제는 편하게 만들 수 있다. 챕터별로 설명해 보도록 하겠다.

[텍스트를 이미지로]

내가 원하는 텍스트로 이미지를 만들 수도 있고 텍스트를 비디오로 변환할 수도 있고 다양한 방법으로 이미지 추출을 할 수 있는 장점이 있다.

자신이 원하는 이미지를 넣어서 비슷한 이미지를 만들 수도 있고 프롬프트를 넣어서 이미지를 뽑으면 수채화 느낌의 이미지를 생성할 수 있다.

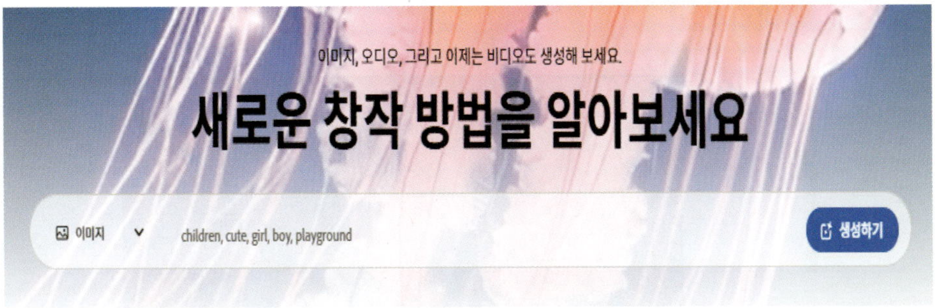

[그림 6-2] 어도비파이어플라이(Adobe firefly) 프롬프트 생성하기

프롬프트를 [어린이, 여자, 남자, 놀이터]를 영어로 입력해서 생성한다. 영어로 프롬프트를 넣는 것이 좀 더 정확한 이미지를 뽑을 수 있다.

[그림 6-3] 어도비파이어플라이(Adobe firefly) 이미지 생성하기

다양한 인종의 유아들 그림이 나온다. 자신이 원하는 그림을 찾기가 어려운데 가정통신문이나 현장에서 많이 활용해서 결과물을 얻어서 사용할 수 있다. 다운로드를 클릭하면 4개의 이미지를 생성해서 나온다.

[텍스트를 비디오로]

[그림 6-4] 프롬프트를 이용해서 비디오 생성하기

동영상을 생성할 때 만들고 싶은 영상 키워드를 넣어서 동영상도 쉽게 만들 수 있다. 여기서 생성한 동영상을 저장해서 자막도 추가하고 수정해서 어린이집 홍보영상으로도 충분히 활용할 수 있다.

[보드]

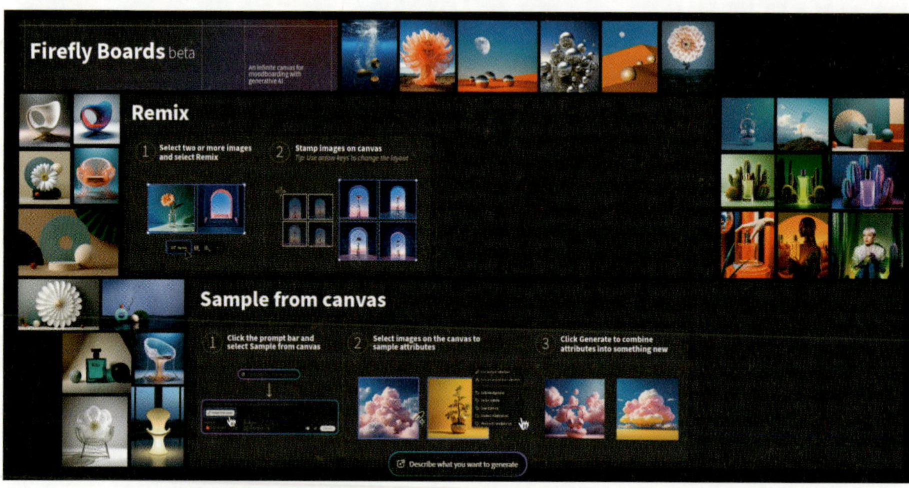

[그림 6-5] 어도비파이어플라이(Adobe firefly) 보드 활용하기

AI 기능이 탑재된 부분이다. Firefly Boards를 활용해서 실제 광고에 활용되는 포스트 형식을 만들 수도 있고 리믹스를 해서 활용할 수 있다.

Describe what you want to generate 부분을 클릭하면 프롬프트를 입력할 수 있는 창이 뜬다. 그때 내가 필요한 프롬프트를 입력해서 결과물을 만들 수 있다.

[그림 6-6] 어도비파이어플라이(Adobe firefly) 생성하기

[텍스트를 백터로]

원하는 이미지와 배경 등을 생각해서 길게 프롬프트를 입력하면 된다. 사이드에 효과도 선택할 수 있고 색상 및 톤도 설정할 수 있으며 스타일은 내가 참고하는 이미지를 넣어서 이미지를 생성해서 사용할 수 있다.

[그림 6-7] 어도비파이어플라이(Adobe firefly) 효과 설정하기

[비디오 번역]

한국어 말고 다른 언어의 영상을 번역해 주는 기능까지 탑재되어 있다.

[텍스트를 사운드 효과로]

프롬프트를 입력해서 사운드 효과를 낼 수도 있다. 원하는 사운드 소리를 찾으려면 오랜 시간이 걸렸는데 이제는 내가 원하는 프롬프트를 입력해서 사운드 효과를 줄 수 있는 기능도 있다.

어도비파이어플라이(Adobe firefly)를 잘 활용하면 실제 현장에서 다양하게 사용할 수 있는 장점이 있다.

2 아숙업(AskUp)을 활용하여 실생활 적용하기 (채널추가 및 기초 사용법 포함)

아숙업(AskUp)은 카카오톡으로 대화를 하면서 활용할 수 있는 기능이다. 1:1 대화를 하면서 AI를 활용할 수 있다.

아숙업(AskUp)은 카카오톡 친구추가로 활용할 수 있어서 편리하게 사용할 수 있다.

카카오톡에 아숙업(AskUp)을 검색하면 그림과 같은 화면이 나온다. 채널추가를 클릭해서 대화를 할 수 있다.

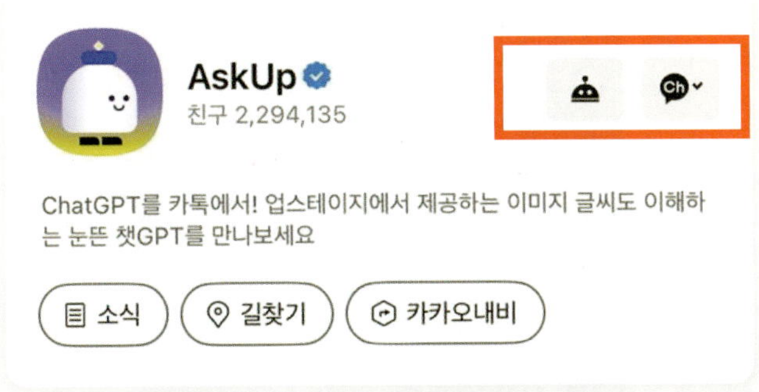

[그림 6-8] **아숙업(AskUp) 채널 추가**

여기서 잠깐! 아숙업(AskUp)이 하는 일이 무엇인지 알고 사용하면 좋을 것 같다.

[그림 6-9] **아숙업(AskUp) 소개하기**

튜토리얼이란? 아숙업(AskUp)에 있는 기능에 대해서 단계별로 경험해 볼 수 있는 것이다.

AI는 내가 어떨 때 필요한지 어떻게 활용할지에 대해 생각해 보고 활용하는 것이 중요하다.

[그림 6-10] 아숙업(AskUp) 튜토리얼 2단계

튜토리얼 2단계: ?(물음표) 검색

튜토리얼 2단계에서는 ?를 맨 처음에 입력하고 내가 궁금한 정보를 물어 볼 수도 있다. 아숙업(AskUp)은 2021년 이후 자료까지 업데이트되어져 있다. 실제 강남 맛집에 대해 검색하니 양식, 일식, 중식, 한식 중 무엇을 좋아하는지 물어본 후 '양식을 원해'라고 대답하면 강남에 있는 양식 맛집에 대해 찾아 주기도 한다.

[그림 6-11] 아숙업(AskUp) 튜토리얼 3단계

튜토리얼 3단계: URL 요약하기

유튜브를 보거나 영상을 볼 때 요약해 주면 좋겠다는 생각이 들 때 URL링크를 복사해서 아숙업에게 대화를 하면 요약해 주는 기능도 있다.

[그림 6-12] 아숙업(AskUp) 튜토리얼 4단계

튜토리얼 4단계: 이미지 생성

자신이 원하는 그림을 프롬프트에 맞게 요청하면 그림을 그려 주는 기능도 있다.

[그림 6-13] 아숙업(AskUp) 튜토리얼 5단계

튜토리얼 5단계: 얼굴 변경

자신의 얼굴을 찍어서 아숙업에게 요청하면 얼굴이 담긴 사진을 더욱 화사한 이미지로 바꿔 주는 기능도 있다.

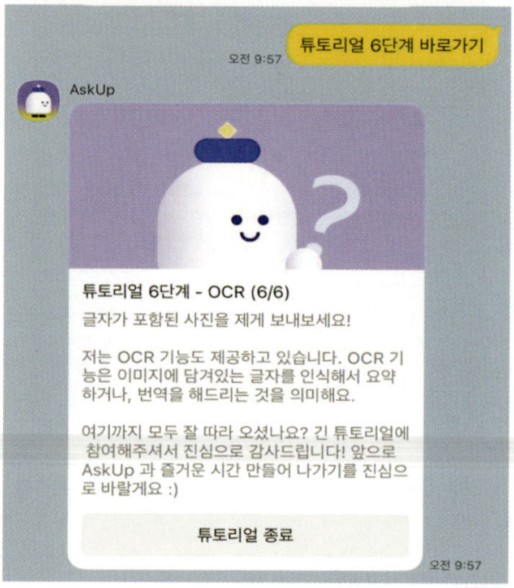

[그림 6-14] 아숙업(AskUp) 튜토리얼 6단계

튜토리얼 6단계: OCR

해석이 필요한 책을 볼 때 사진을 찍어서 아숙업(AskUp)에게 요청하면 한국어로 번역해서 보여 주는 기능도 있다. 실제 자료를 찾아볼 때도 유용하게 사용할 수 있다.

이 밖에도 아숙업(AskUp)에는 많은 기능이 있는데 많은 자료를 찾아봐야 할 때 활용하면 좋을 것 같다.

AI 중 제일 편하고 쉽게 활용할 수 있다.

3 레오나르도(Leonardo.AI) AI를 활용하여 이미지 생성하기

레오나르도(Leonardo.AI) AI를 활용해서 다양한 이미지를 만들 수 있다. 프롬프트만 있다면 캐릭터 느낌 등 다양한 느낌을 구현할 수 있는 장점이 있는 플랫폼이다.

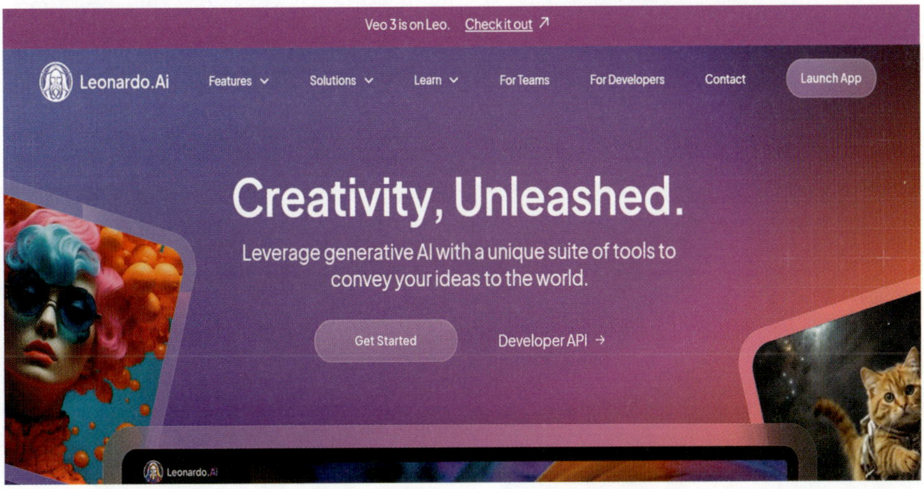

[그림 6-15] 레오나르도(Leonardo.AI) 가입하기

로그인을 할 때는 구글로 로그인하는 게 작업하기 편하고 크롬으로 프로그램을 실행하는 것이 좋다.

[그림 6-16] 레오나르도(Leonardo.AI) 로그인하기

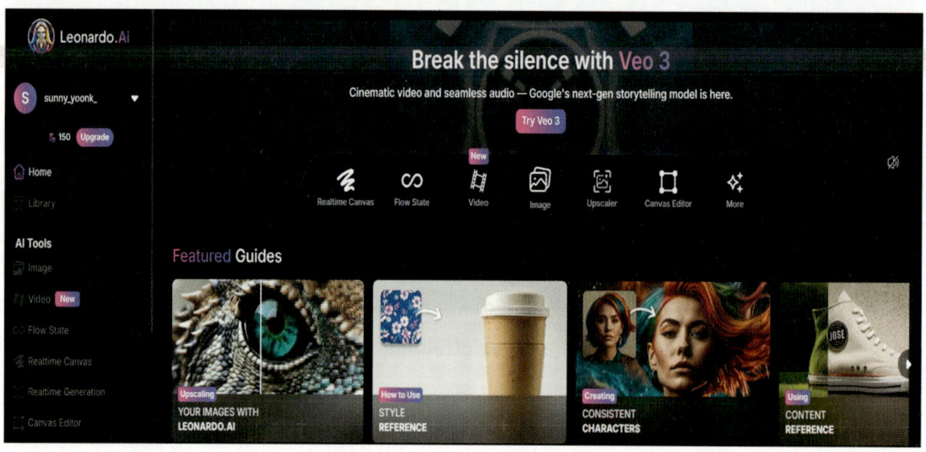

[그림 6-17] 레오나르도(Leonardo.AI) 이미지 생성하기

요즘 veo3 기능까지 탑재가 돼서 영상까지도 만들 수 있게 되었다. 처음 로그인을 하고 들어오면 다양한 아이콘이 있는데 먼저 image를 클릭해서 작업을 해 보려고 한다.

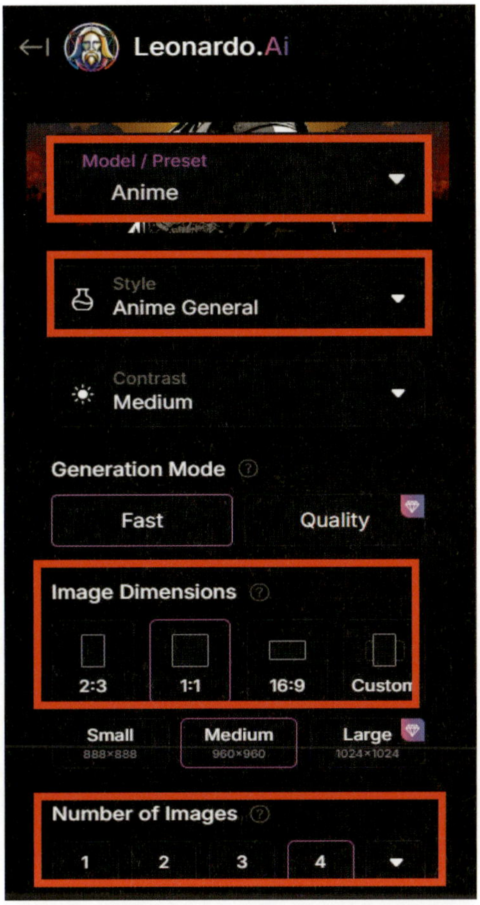

[그림 6-18] 레오나르도(Leonardo.AI) 이미지 생성 전 스타일 설정하기

프롬프트뿐만 아니라 스타일도 지정할 수 있고 비율 설정도 할 수 있으며 몇 장이 나오게 할지도 정할 수 있다. 생성을 할 때 코인이 사용되지만 다음 날 또 충전이 되니 AI로 이미지를 뽑는 것이 처음인 사람에게는 레오나르도(Leonardo.AI) AI를 활용해 봐도 좋을 것 같다.

Chapter 07

AI를 활용한 노래, 영상 만들기 1

현장에서 유아들에게 노래는 정말 중요하다. 그럴 때마다 노래를 찾는 번거로움이 있었는데 AI를 활용해서 유아들과 함께 노래를 만들어 볼 수도 있고, 영아들에게는 교사들이 노래를 만들어 제공해 줄 수 있는 장점도 있다. 다양한 플랫폼들이 있지만 그중에서 수노(Suno), 유디오(udio)를 활용해 노래를 만들어 볼 수 있는 방법을 소개한다.

1 수노(Suno)를 활용하여 음률활동하기

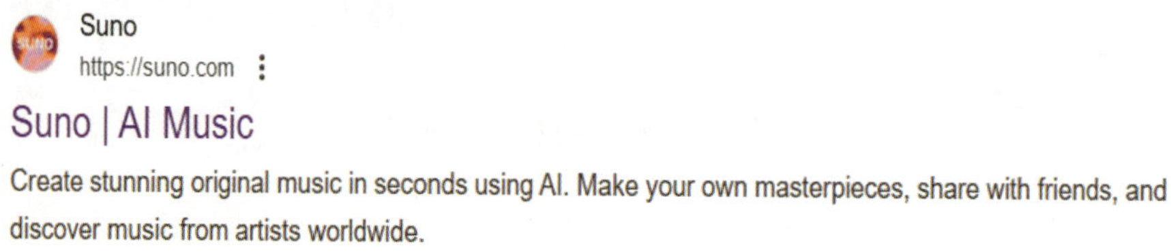

[그림 7-1] 수노(suno) 검색하기

구글에 접속해서 수노(Suno)라고 검색을 한다. 검색 화면에서 맨 위에 있는 것이 아닌 스크롤 해서 내려가서 사진과 같은 모양을 클릭하는 것이 중요하다. AI는 너무 다양하고 유사한 것들이 많으니 주의해서 살펴보아야 한다.

[그림 7-2] 수노(suno) 첫 화면

수노(Suno)의 첫 화면은 이렇게 나온다. 맨 위에 창 세 개를 클릭하면 한국어로 번역도 되니 먼저 번역을 해 놓고 작업을 시작하는 것이 편리하다.

위쪽 검색창에 프롬프트를 넣고 creat를 클릭하면 노래가 생성된다.

아니면 creat(음표표시)를 누르면 노래를 만들 수 있게 창이 생성된다.

생성하기 전에 무슨 노래를 만들고 싶은지 생각하고 활동을 해 보면 좋다. 실제 현장에서 6~7세도 함께 노래를 만들어 봤던 경험이 있다.

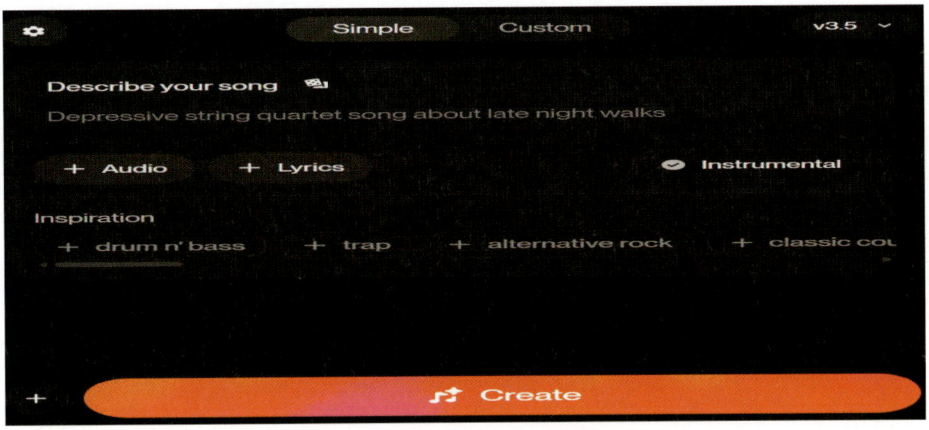

[그림 7-3] 수노(Suno) 설정하기

Describe your song 옆 주사위를 누르면 랜덤으로 노래가 생성되기도 한다.

맨 윗부분 내가 넣고 싶은 노래가사를 넣고 Inspiration은 노래스타일을 결정할 수 있다.

드럼과 베이스(drum n'base) 등 다양한 노래스타일을 고른 후 생성할 수 있다.

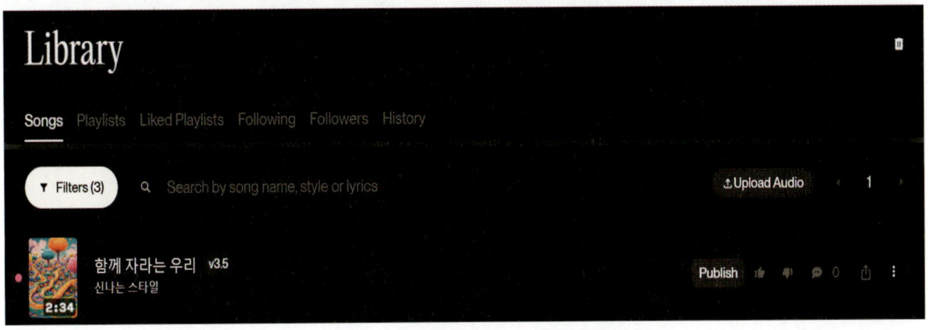

[그림 7-4] 수노(Suno) 라이브러리

내가 만든 곡은 Library에 들어가면 들어 볼 수도 있고 공유도 해 볼 수 있다. 저장을 할 때는 오디오만 저장하는 방법도 있고 동영상으로 저장하는 방법도 있으니 사용해 보면 좋을 것 같다.

2 유디오(Udio)로 노래 만들기

다음으로 유디오(Udio) AI도 소개한다. 유디오 역시 수노(Suno)랑 같은 역할을 하긴 하지만 또 다른 느낌의 결과물을 받을 수 있다.

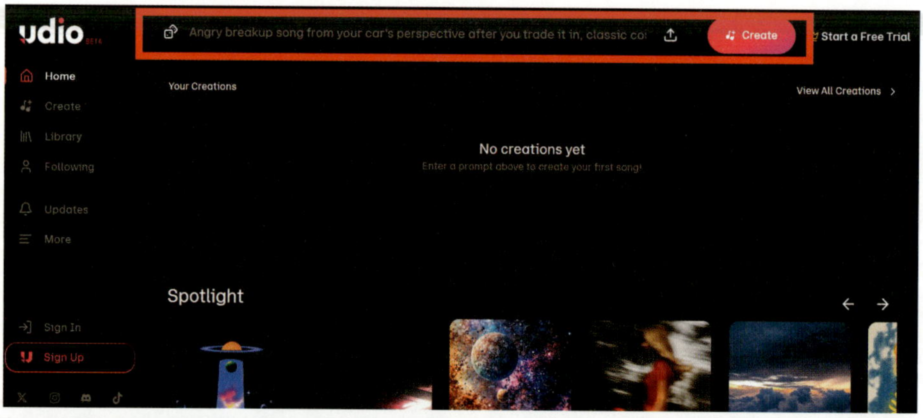

[그림 7-5] 유디오(Udio)에서 음악 생성하기

유디오(Udio) 첫 화면에 들어가면 프롬프트를 바로 입력하는 창이 뜬다. 프롬프트를 넣어서 노래를 생성할 수도 있고 다른 사람들이 만든 노래도 감상할 수 있다.

주사위 표시를 누르면 랜덤으로 노래도 생성할 수 있고 공유도 바로 할 수 있는 장점이 있다.

3 비드노즈(Vidnoz) 자기소개 영상 만들기

요즘은 유아교육기관에서도 인스타로 정보를 찾는 시대가 왔다. 이럴 때 어린이집, 유치원을 어떻게 소개해야 할까 많은 고민을 할 수 있는데 비드노즈(Vidnoz)를 활용해서 홍보할 수 있는 플랫폼을 소개해 보려고 한다.

[그림 7-6] 비드노즈(Vidnoz) 검색하기

구글에서 비드노즈(Vidnoz) 검색을 하면 나오는 첫 번째 사이트가 아닌 스크롤을 해서 세 번째 사이트를 클릭해서 사용해야 한다.

비드노즈(Vidnoz)에 사용할 사진을 준비해도 좋고 어린이집, 유치원 사진 등 홍보하고 싶은 것이 무엇인지 먼저 생각하고 작업을 하면 더 원하는 결과물을 얻을 수 있다.

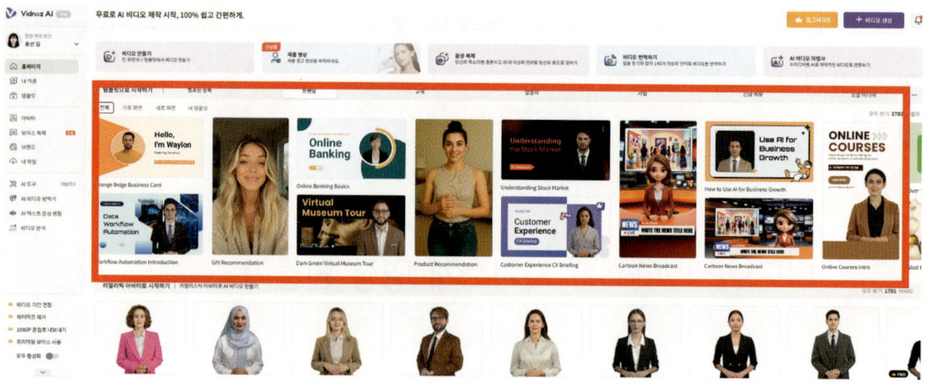

[그림 7-7] 비드노즈(Vidnoz) 템플릿 선택하기

원하는 템플릿을 골라서 작업을 할 수 있고 필요한 것들을 넣을 수도 있고 뺄 수도 있다.

실제 말하는 것처럼 영상이 결과물로 나온다.

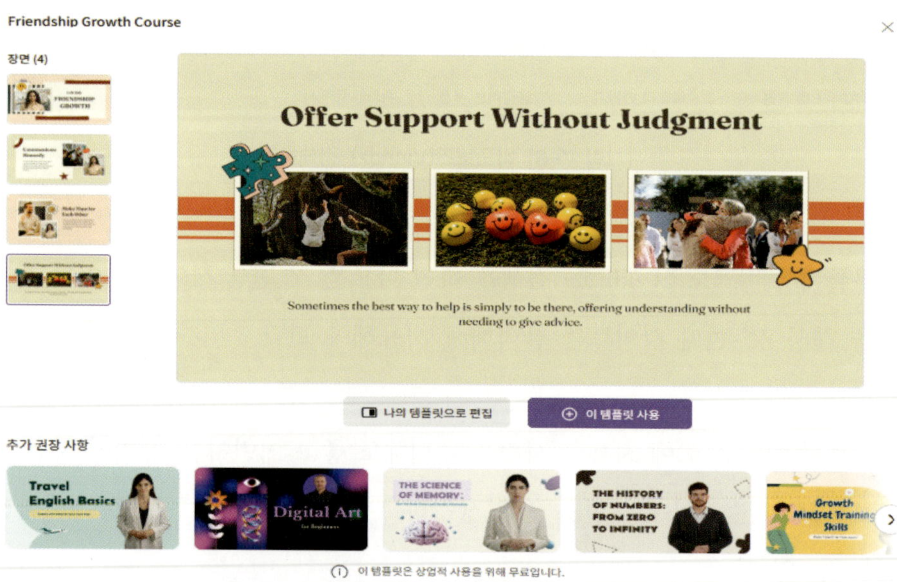

[그림 7-8] 비드노즈(Vidnoz) 템플릿 편집하기

템플릿을 선택하면 "이 템플릿 사용"을 클릭해서 작업을 할 수 있다. 템플릿은 트랜드, 교육, 설명자, 사업, 긴급속보 등 주제에 맞춰 템플릿을 둘러볼 수 있다.

원하면 내가 만들고 싶은 템플릿도 생각해서 활용할 수 있는 장점이 있다.

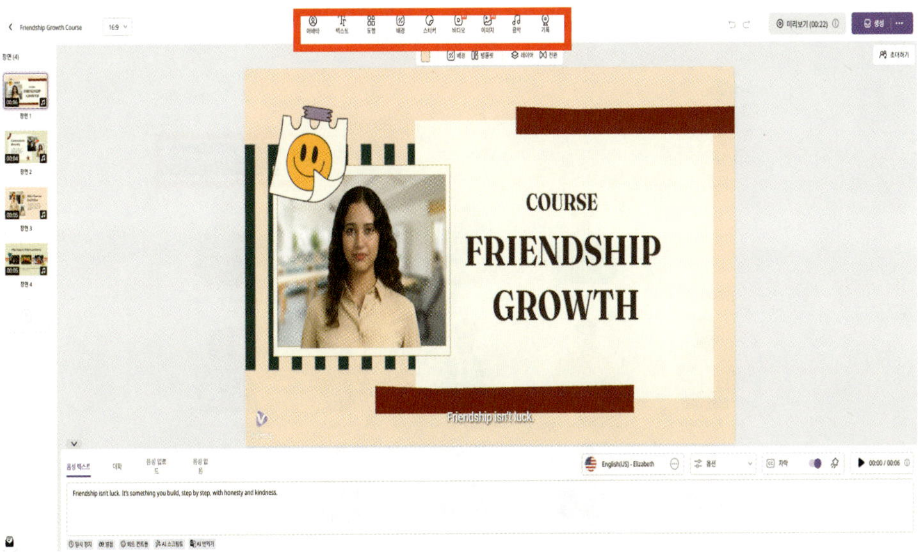

[그림 7-9] 비드노즈(Vidnoz) 템플릿 아이콘 활용하기

빨간 네모박스를 살펴보면 아바타, 텍스트, 배경 등 다양하게 수정할 수 있다. 글씨체도 변경할 수 있으니 꼭 참고해서 수정해 보면 좋을 것 같다.

*프로라고 표시되어 있는 건 유료 이용을 해야 하니 무료로 먼저 사용해 보고 유료로 전환하는 것이 가장 좋은 방법이다.

*자막 표시는 꺼 두는 게 좋다. 입모양 속도와 자막 속도가 맞지 않는 경우가 있을 수 있어서 자막은 끄고 작업하는 걸 추천한다.

*목소리도 한국어 버전으로 변경이 가능하니 목소리도 한번씩 들어 보고 설정해 보면 좋을 것 같다.

[그림 7-10] 비드노즈(Vidnoz) 템플릿 사진 업로드

사진 업로드를 클릭하면 컴퓨터 안에 있는 사진을 불러올 수 있기 때문에 내 사진을 넣어서 작업하는 것을 추천한다.

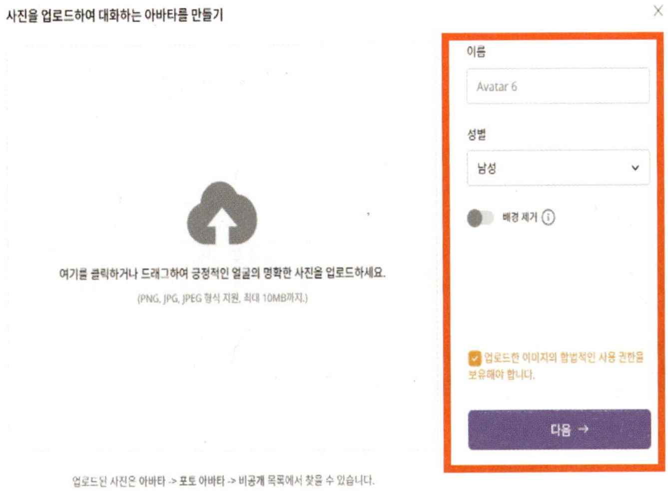

[그림 7-11] 비드노즈(Vidnoz)에서 아바타 만들기

사진을 업로드할 때 배경제거도 가능하다. 정면사진으로 해야 입모양도 부자연스럽지 않게 나올 수 있다.

[그림 7-12] 비드노즈(Vidnoz) 결과물

유아교육기관에서 홍보영상으로 활용하기도 쉽고 OT 때 교사소개 영상으로도 활용할 수 있는 장점이 있다. 이러한 기능은 우리 교사들에게 업무 시간을 덜어 주고 창의적인 다양한 접근을 시도해 볼 수 있는 기회가 된다.

Chapter 08

AI를 활용한 영상 만들기 2

1 소라(Sora)를 활용해서 영상 만들기

1) 소라(Sora) AI 가입과 기본 설정 방법

[소라(Sora) AI 접속 방법]

소라(Sora) AI는 구글창에서 검색하면 2가지의 사이트가 나온다. 두 가지 중 들어가고 싶은 곳으로 접속하면 된다. 챗GPT 안에 소라(Sora)가 함께 들어가 있어서 챗GPT에서 접속도 가능하다.

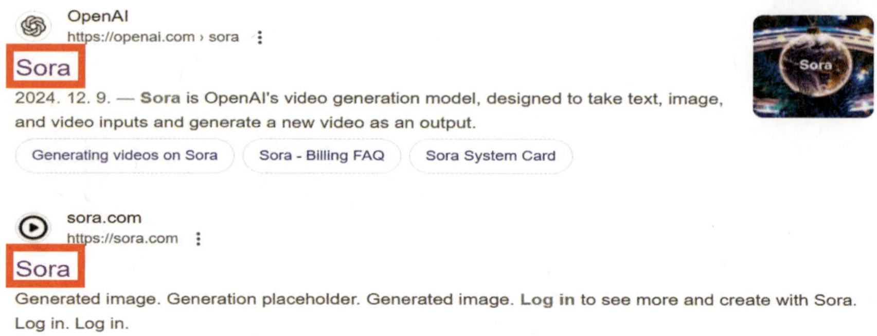

[그림 8-1] 소라(Sora) 가입하기

첫 번째로 "챗GPT"로 접속하면 그림과 같은 화면이 나온다. 자신의 생년월일을 입력하고 나면 바로 소라(Sora)로 연결이 되는 모습을 볼 수 있다.

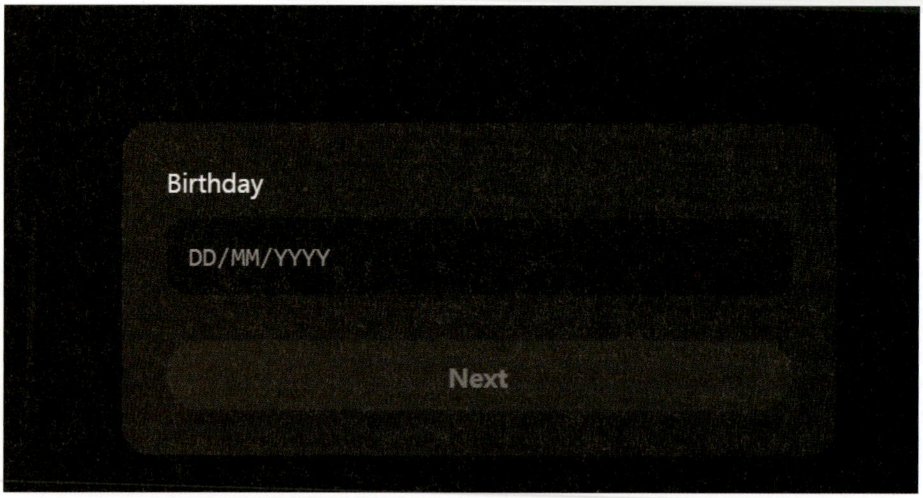

[그림 8-2] 챗GPT에서 소라(Sora) 접속하기

그 다음으로 나오는 Explore Sora를 클릭한 후 자유롭게 소라(Sora)를 사용할 수 있다.

소라(Sora)를 활용해서 영상을 만들어 볼 생각을 하니 기대가 많이 된다.

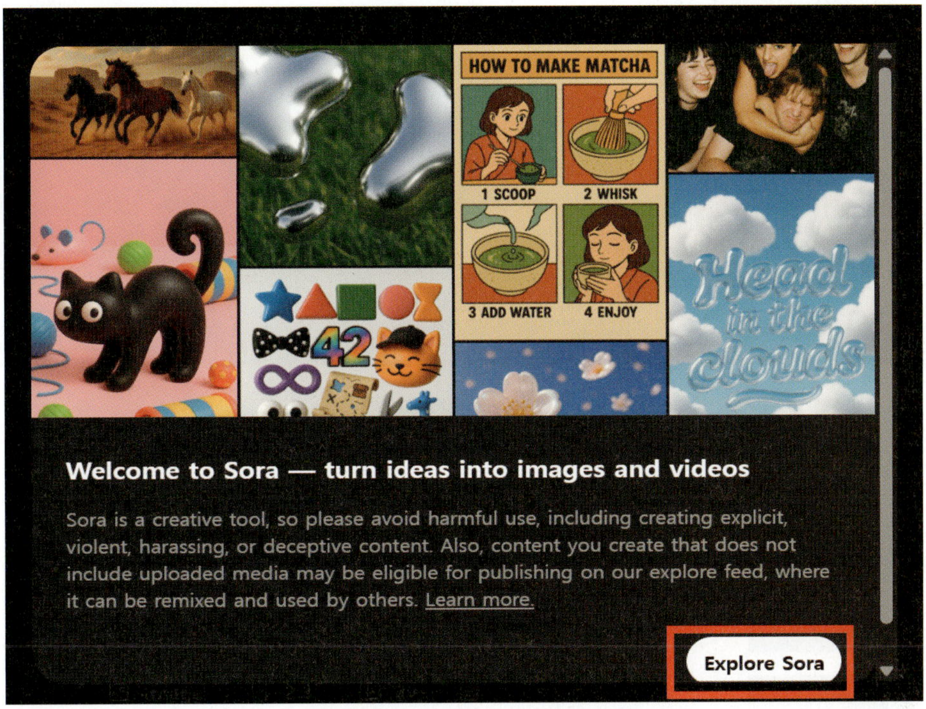

[그림 8-3] **소라(Sora) 실행하기**

소라(Sora)를 실행하면 프롬프트를 입력할 수 있는 창이 뜬다. 그 밑에 보면 다양한 아이콘들이 보인다. 이 아이콘들은 무엇을 이야기하고 있는 것일지 궁금하다.

모르고 사용하는 것과 알고 사용하는 것은 천차만별일 것이다. 아이콘에 대해 설명하면 다음과 같다.

[그림 8-4] 소라(Sora) 아이콘 설명

[소라(Sora) AI] 아이콘 설명

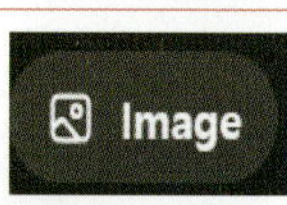	자신의 컴퓨터 안에 있는 그림을 불러오기 가능 (Sora에서 만든 영상도 불러오기 가능)
	영상 비율을 정할 수 있다(16:9/1:1/9:16)
	영상을 몇 개 만들 것인지를 정할 수 있다.
	비주얼을 미리 설정(영상 스타일을 설정한다)
	설정한 대로 하면 몇 크레딧이 소멸되는지 알려 준다.

TIP. GPT플러스-–천크레딧을 제공/GPT프로–만크레딧을 제공한다.

[그림 8-5] Explore에서 작품 감상하기

소라(Sora)에 들어가면 Explore가 있다. 스크롤을 하면서 살펴보면서 자신이 원하는 영상이 있으면 클릭해서 들어가면 프롬프트도 참고할 수 있도록 구성이 되어 있으니 한번 살펴보면서 응용해 보는 시간도 가져 보면 좋을 것 같다.

▪ 프롬프트 작성하기

소라(Sora)뿐 아니라 모든 AI에서 가장 중요한건 '프롬프트'이다. '프롬프트'를 얼마나 자세히 잘 쓰는가에 따라 결과물이 달라질 수 있다.

▪ 소라(Sora) AI에 프롬프트 작성하기 Tip

- 간단한 프롬프트로 시작하기
- Snow-covered mountains under clear skies – 맑은 하늘 아래 눈 덮인 산
- 구체적인 디테일을 추가하기(색감, 분위기, 동작 등)
- '햇빛이 반짝이는'(디테일 추가하기)
- 스타일을 명시하세요
- '수체화 스타일로' '명화 스타일로' 등

AI는 정확하게 명령어를 내릴수록 원하는 작품을 생성할 수 있기 때문에 차츰 차츰 한 단계씩 프롬프트를 사용하는 것이 중요하다.

2 릴리스(Lilys)로 유튜브 영상 요약하기

유튜브를 볼 때 '아, 이 정도는 요약해 주면 좋겠다'라고 생각한 적이 많을 것 같다. 요즘은 쇼츠 등 짧은 영상을 보는 것이 대세인 만큼 유용하게 사용할 수 있다.

1. 구글(Google)에 릴리스ai 또는 릴리스(Lilys) AI라고 검색을 한다.

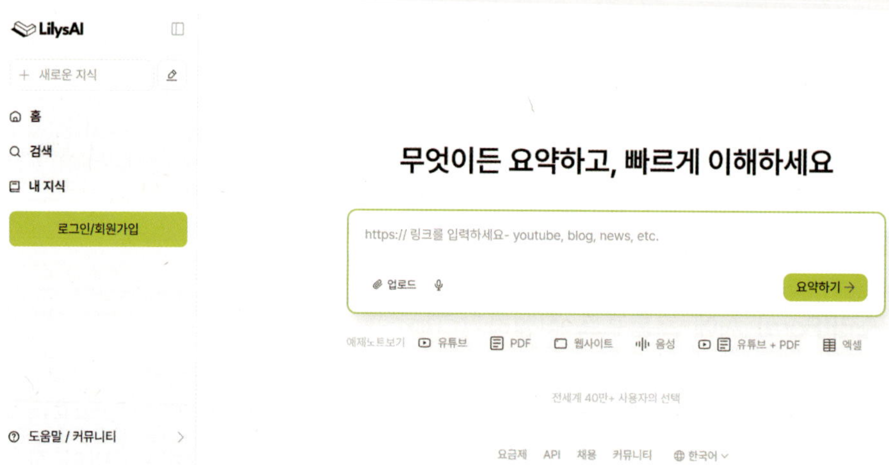

[그림 8-6] 릴리스(Lilys) AI 첫 화면

릴리스(Lilys) AI를 접속해서 Google 아이디로 로그인을 해서 사용할 수 있다.

내가 원하는 유튜브 링크를 복사해서 첨부한다.

[그림 8-7] 릴리스(Lilys) AI 결과물

이렇게 유튜브를 볼 때 요약을 해서 보고 싶을 때는 릴리스(Lilys) AI를 활용할 수 있다.

3 하이로우 AI(Hailuo AI)로 영상 만들기

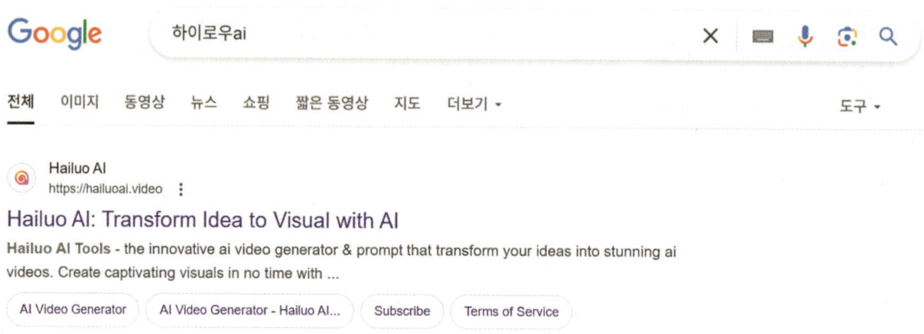

[그림 8-8] Google에서 하이로우AI(Hailuo AI) 검색하기

하이로우 AI는 내가 만들고 싶은 영상을 키워드 몇 개만 넣으면 영상으로 변하게 할 수도 있고 자신의 사진 또는 이미지를 넣어서도 Mix 시켜서 사용할 수 있는 장점이 있다.

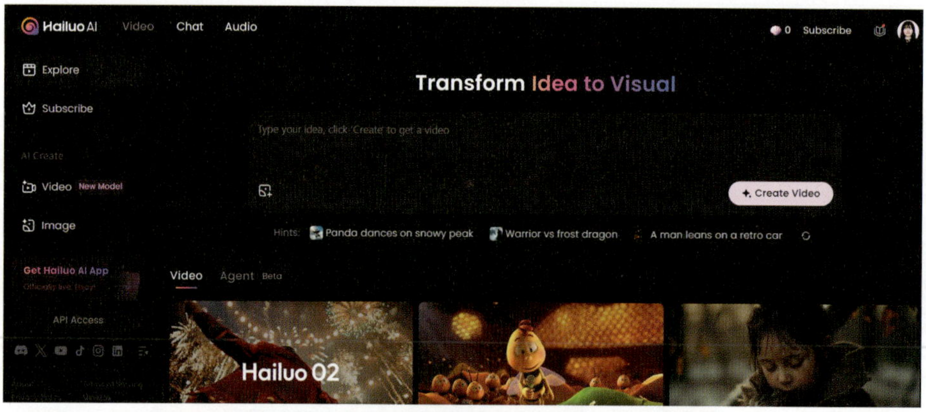

[그림 8-9] 하이로우AI(Hailuo AI) 첫 화면

여기서 잠깐! 영어를 한국어로 번역할 수 있다는 사실! chrome(크롬)에서 구글 로그인을 하고 ⋮클릭해서 번역하기를 클릭하면 영어를 한국어로 번역할 수 있다!

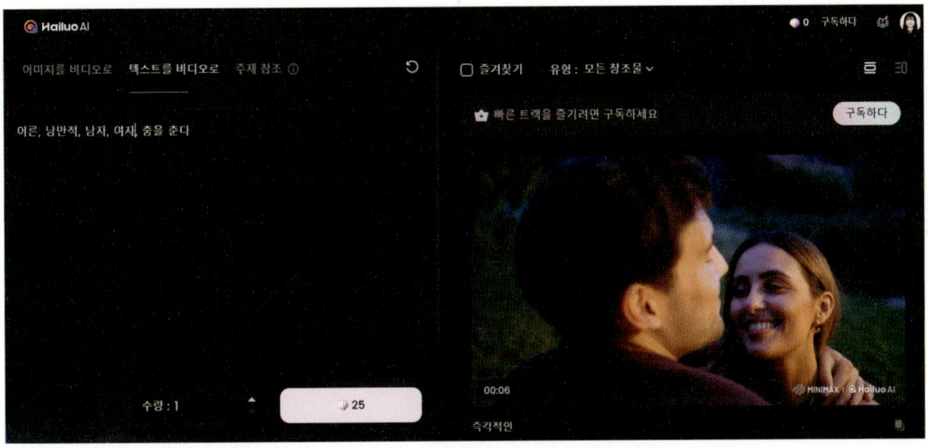

[그림 8-10] **키워드에 맞게 영상이 만들어진 결과물**

이렇게 자신이 원하는 키워드를 넣으면 동영상이 깜짝하고 바로 만들어지는 모습을 볼 수 있다. 자신이 원하는 결과물을 얻기 위해서는 구체적인 프롬프트를 넣어 주는 것이 중요하다.

*그 밖에도 영상을 만들 수 있는 플랫폼들은 많이 있다. Klingai AI(클링 AI), 런웨이, 루마드림머신, LTX스튜디오, 드리미나, 프리픽 등이 있으니 현장에서 자신에게 필요한 것을 적용해 보는 것이 좋다.

여기서 잠깐! 상업적으로 이용하거나 어디에 사용하려면 유료로 구독하는 것이 중요하다는 점 잊지 말기!

Chapter 09

구글(Google)을 활용한 업무효율화 및 수업진행하기 1

현장에서 구글을 활용할 줄 알면 편리하게 사용할 수 있는 것들이 너무 많이 있다. 실제 현장에서는 만족도 조사서를 받을 때, 이야기 나누기 할 때 사용하는 PPT, 구글 워크시트로 유아들 관련 자료 정리하기, 환경의 날 등 가정연계 활동을 할 때 사용할 수 있는 패들렛 등 다양하고 유용하게 사용할 수 있는 구글에 대해 알려 주려고 한다. 이 장은 조금만 알고 있어도 유용하게 활용할 수 있다.

* 구글을 사용할 때는 꼭 크롬(Chrome)에서 하는 것이 중요하다.

구글에 접속하면 검색창이 나온다. 그 위쪽을 보면 로그인 하는 부분이 있다. 구글을 먼저 로그인 해 놓는 것이 편리하다.

[그림 9-1] 구글(Google) 접속하기

빨간 네모 상자를 클릭하면 구글에서 사용할 수 있는 것들이 나온다. 그중 먼저 구글 슬라이드를 소개하려고 한다.

1 구글 슬라이드(Google slide)로 PPT 만들기

유아들은 그림이 아닌 움직이는 그림을 좋아하며, 많은 것을 전달하기보다는 깔끔한 PPT로 유아들에게 지식을 전달하는 것도 중요하다. 이 때 사용할 수 있는 구글 슬라이드(Google slide)는 이렇게 활용하면 좋다.

[그림 9-2] 구글 슬라이드(Google slide) 만들기

빈 프레젠테이션을 클릭해서 만들 수도 있고 검색창에 원하는 주제를 검색해서 슬라이드를 생성할 수 있다. 두 개 중 빈 프레젠테이션에 대해 알려 주려고 한다.

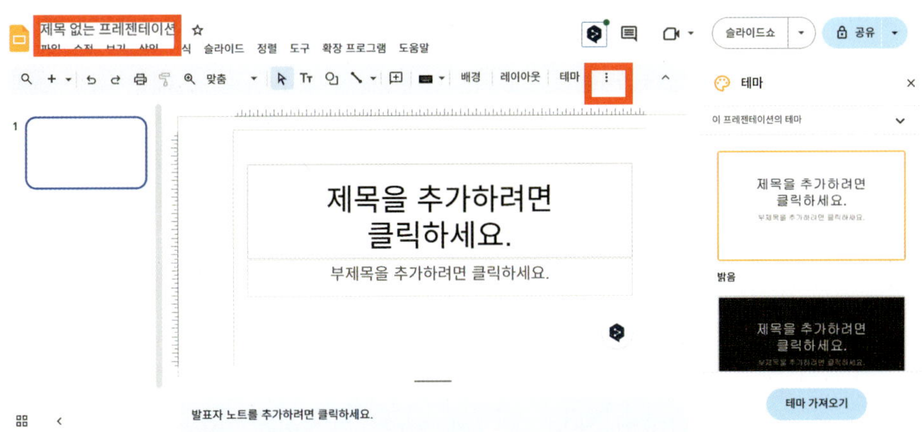

[그림 9-3] 구글 슬라이드(Google slide) 만들기

제목 없는 프레젠테이션은 제목을 수정할 수 있다. ⋮을 클릭하면 보여지지 않는 기능들도 있으니 활용해 보면 좋을 것 같다.

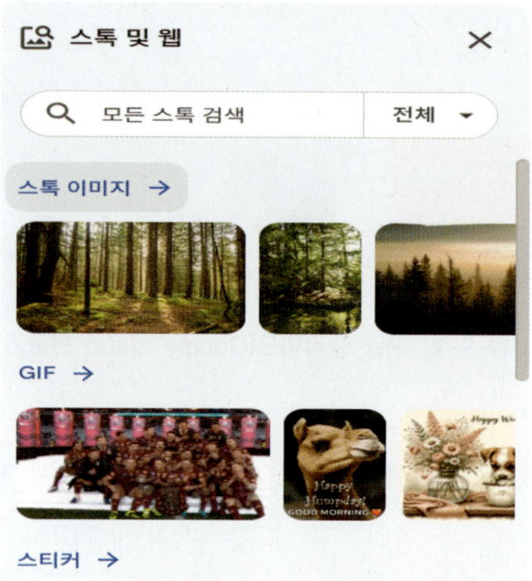

[그림 9-4] 구글 슬라이드(Google slide) 스톡 및 웹

제일 신기한 기능으로, 삽입〉이미지〉스톡 및 웹을 클릭하면 PPT에 있는 그림들이 움직이는 모습을 볼 수 있다. 실제 현장에서 활용할 때는 유아들이 집중하지 못할 때 보여주면 좋을 것 같다. 또 지루해할 수 있는 주제에서 한 번씩 퀴즈도 넣어서 움직이는 스톡을 넣어주면 흥미가 올라갈 것이라고 생각한다.

발표할 일이 있거나 활용해야 할 때 PPT로 담아 가면 글씨체가 깨지거나 작업해 놓은 것들이 엉망이 됐던 기억이 있다. 그때마다 '이건 어떻게 해야 할까? 이번엔 잘 열리겠지?' 하는 불안함이 있었는데 이제는 구글 슬라이드(Google slide)를 활용하니 구글 로그인만 하면 글씨체가 깨지지도 않고 결과물들이 망가지지 않고 잘 활용되어 불안함 없이 잘 사용하고 있다.

2 구글 폼(Google Form) 만들기

현장에 있으면 1학기, 2학기 한 번씩 만족도 조사를 해야 한다. 그때마다 기관에서는 종이로 출력해야 하는 불편함이 있고 학부모님들은 편안하게 의견을 내지 못하는 경우들이 많았다. 또 실제 만족도 조사는 다양하게 활용되고 있어서 구글 폼을 활용하면 조금 더 의견을 마음껏 낼 수 있고 편리하게 활용할 수 있을 것 같아 소개하려고 한다.

Form을 클릭해서 구글 폼을 만들 수 있다.

[그림 9-5] 구글 폼(Google Form) 생성하기

생각해 보면 설문을 조사해야 할 때가 참 많은 것 같다. 단체 주문을 하거나 논문을 쓸 때도 유용하게 사용할 수 있을 것 같다. 원래 만들어진 틀에 작업해도 괜찮지만 빈 양식에서 작업하는 방법을 알려 주려고 한다.

[그림 9-6] **구글 폼(Google Form) 생성하기**

제목 없는 설문지에는 설문지의 주제 또는 제목을 적고 객관식 질문으로 할 것인지, 주관식 질문으로 할 것인지 설정도 할 수 있다. 그리고 꼭 작성해야 하는 것은 필수칸에 체크를 해 주면 실제 구글 폼(Google Form)을 사용할 때 꼭 입력을 해야 완성할 수 있다.

항목도 내가 원하는 대로 추가할 수 있는데 설문지는 문항이 많을수록 사람들이 하기 힘들 수 있기 때문에 간결하게 질문하는 것이 중요하다.

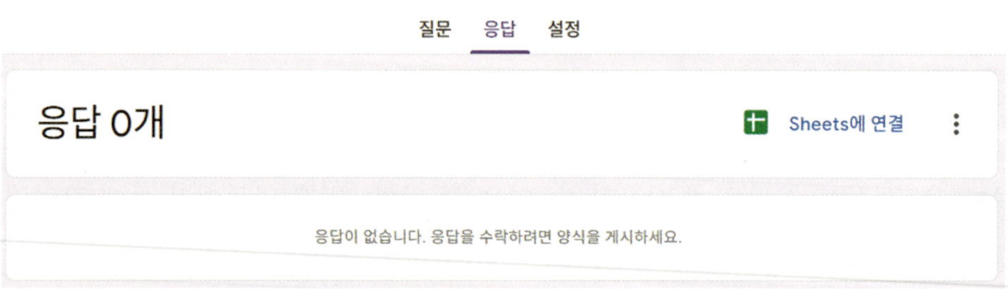

[그림 9-7] **구글 폼(Google Form) 응답 확인하기**

구글 폼(Google Form)을 작성해서 답변을 보내면 응답으로 답변이 온다. 그 때 Sheets로 연결해서 결과를 볼 수 있는 장점도 있다.

[그림 9-8] **구글 폼(Google Form) 설정하기**

구글 폼(Google Form)을 완성하기 전에 설정에서 옵션들도 선택해서 활용할 수 있다. 상대방이 자신의 이메일에 결과를 받아 볼 수 있도록 설정도 할 수 있다.

실제 구글 폼(Google Form)을 활용할 때 이미지도 추가하고 내가 필요한 주제에 맞춰서 활용할 수 있으니 방법대로 차근차근 해 보면 좋을 것 같다.

3 구글 워크시트(스프레드시트) 활용하기

워크시트(스프레드시트)는 실제 자료들을 정리해 놓을 때 유용하게 사용할 수 있다. 월별 주제에 맞는 활동, 주제별 동화책 리스트 등을 함께 정리해 놓으면 내가 필요할 때 사용할 수 있다.

그리고 할 일 리스트도 함께 활용할 수 있고 가계부도 활용할 수 있다.

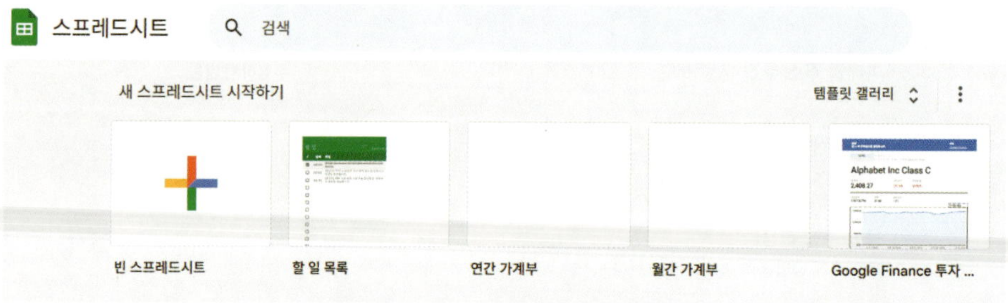

[그림 9-9] 구글 스프레드시트

빈 스프레드시트를 활용해서 어떤 것을 할 수 있는지 보겠다.

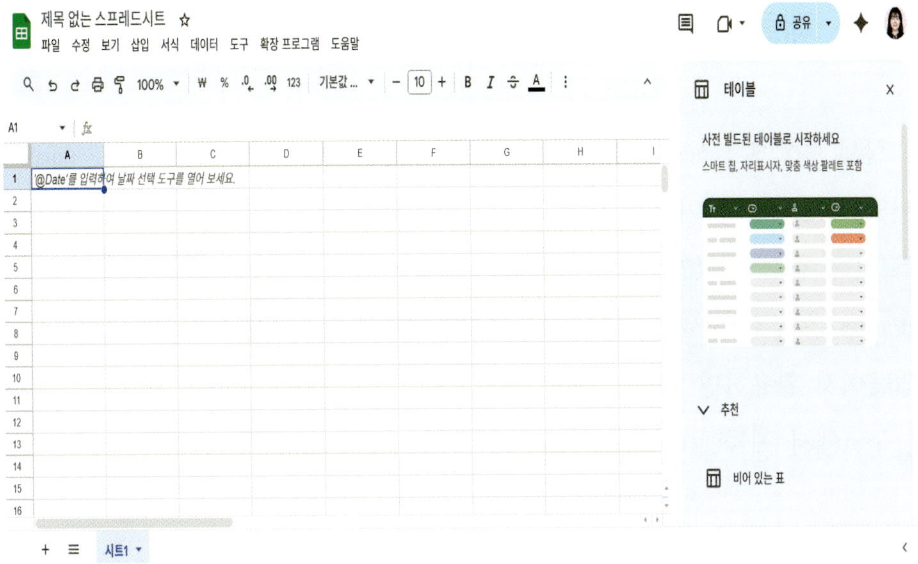

[그림 9-10] **스프레드 시트 활용하기**

시트를 생성해 두면 공유도 가능하기 때문에 다른 사람들이 함께 활용해서 사용할 수 있다.

실제 현장에서는 유아들 준비물 체크리스트로도 활용할 수 있는 장점이 있다.

시트 1, 시트 2 설정을 해서 제목을 바꿔서 "인성동화" "월별동화" 이렇게 카테고리를 정해서 사용할 수 있다.

4 패들렛(Padlet) 활용하기

실제 현장에서 사용해 보니 정말 유용하게 사용할 수 있었던 패들렛(Padlet)이였다. 지금도 많이 사용하고 있지만 잘 아는 사람은 알고 모르는 사람은 모를 것 같아 패들렛(Padlet)을 활용하는 방법을 함께 이야기하려고 한다. 패들렛(Padlet)은 무료로 3개만 생성 가능하지만 기관에서 활용할 때는 학교계정으로 만들어서 활용하면 정말 유용할 것 같다.

구글에서 패들렛(Padlet)이라고 검색한 후 구글 로그인으로 접속하면 된다.

[그림 9-11] 패들렛(Padlet) 만들기

만들기를 들어가면 배경, 섹션, 제목 등을 내가 선택하고 싶은 대로 할 수 있다. 쉽게 만들 수 있고 가정연계 활동이나 자료를 수집할 때도 활용도가 높다.

[그림 9-12] 패들렛(Padlet) 생성하기

제목을 설정해야 한다. 다양한 버전이 있지만 담벼락으로 작업하는 것이 제일 나았다.

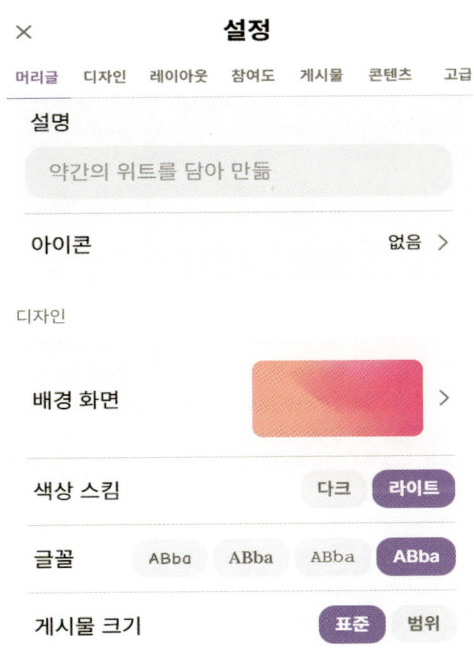

[그림 9-13] 패들렛(Padlet) 설정하기

톱니바퀴 표시를 누르면 머리글, 디자인, 레이아웃 등 수정해서 만들 수 있다. 다 만들고 난 후에는 고급을 클릭하고 맨 밑으로 내려가면 URL이 나온다. 복사해서 공유해서 활용하면 된다. 현장에서 꼭 다양하게 활용하길 바란다.

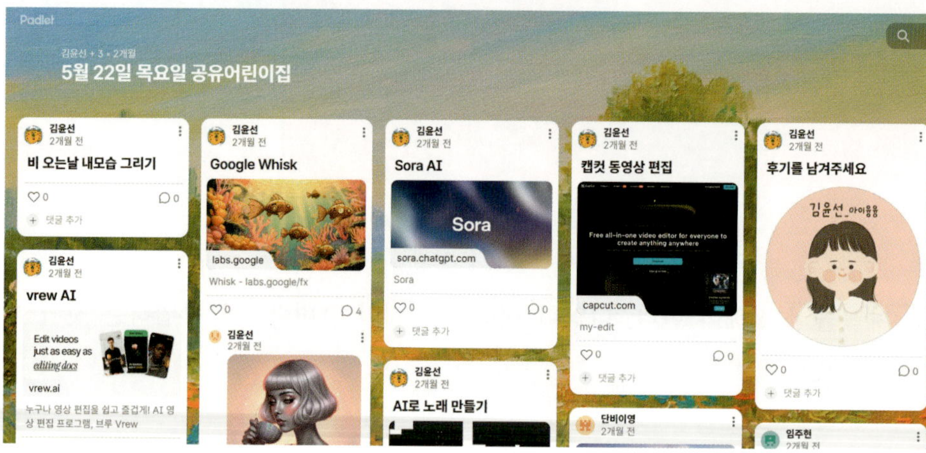

[그림 9-14] 실제 패들렛 사용한 사진

Chapter 10

구글(Google)을 활용한 업무효율화 및 수업진행하기 2

이번에는 구글랩스(Google labs ImageFX) 이미지 생성하기, 노트북 LM 활용하기, 구글 AI 스튜디오(Google AI studio) 활용하기에 대해서 다뤄 보려고 한다. 이 밖에도 구글은 활용할 수 있는 것들이 무궁무진하니 꼭 다 경험해 보면 좋을 것 같다.

1 Google AI for Developers로 프롬프트 찾아보기

AI에서 가장 중요한 것이 프롬프트이다. 중요한 것을 알면서도 '어떻게 프롬프트를 넣지?' 하는 막연함이 들 때가 많은데 그때 참고해서 보면 좋을 사이트를 소개한다.

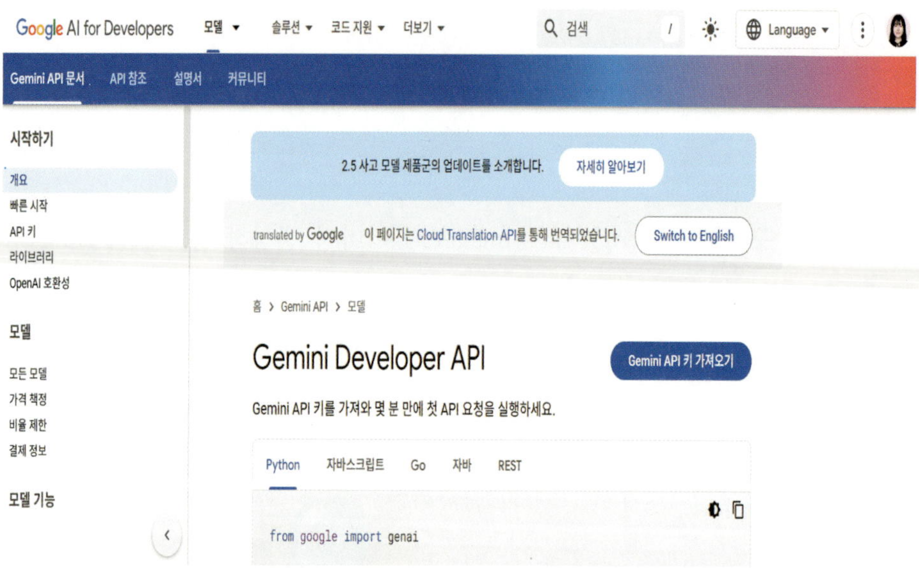

[그림 10-1] Google AI for Developers 활용하기

2 구글 AI 스튜디오(Google AI studio)

구글에서 구글 AI 스튜디오(Google AI studio)를 검색한다. 검색한 후 맨 처음 나온 사이트에 접속한다.

[그림 10-2] 구글 AI 스튜디오(Google AI studio) 검색하기

구글 AI 스튜디오(Google AI studio)는 하루에 5개 만들 수 있고 영상은 최대 8초이며 다양한 모델을 사용할 수 있는 장점이 있다. 유튜브뿐만 아니라 구글 드라이브에 저장된 회의록 등을 요약도 해 주는 역할을 한다. 단순히 글만 요약하는 것이 아닌 체계적으로 정리해 주는 모습을 보인다.

이미지 및 비디오 생성기능을 제공하는 웹 기반 도구이며 사용자는 텍스트 프롬프트를 통해 다양한 콘텐츠를 생성할 수 있다.

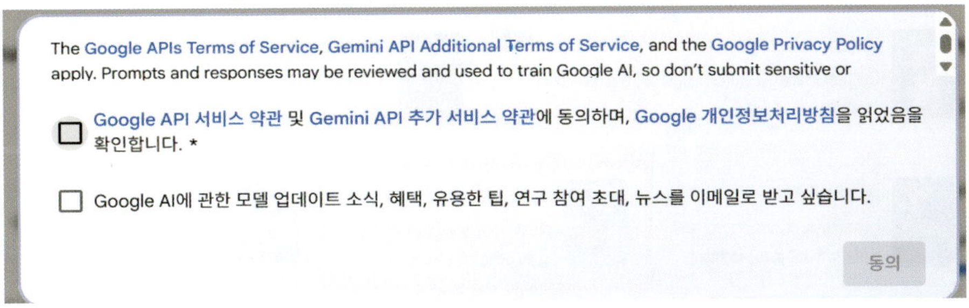

[그림 10-3] 구글 AI 스튜디오(Google AI studio) 동의하기

*표시가 있는 부분은 필수 동의이며 아닌 부분은 선택이기 때문에 읽어 보고 선택하고 나서 동의를 하면 된다.

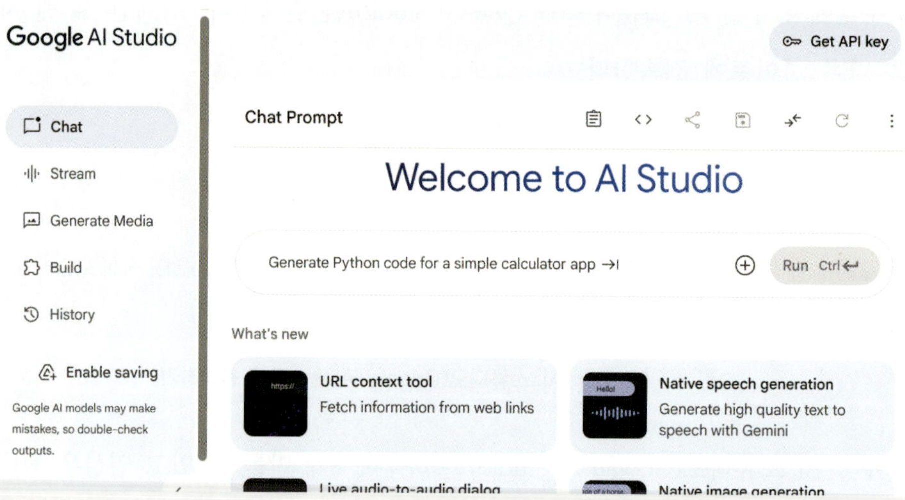

[그림 10-4] 구글 AI 스튜디오(Google AI studio) 활용하기

Generate Media 부분을 클릭하면 이미지 생성하는 기능이 나온다. 이미지를 생성할 때 프롬프트를 넣으면 생각보다 한국어도 잘 이해하는 모습을 볼 수 있다.

[그림 10-5] 구글 AI 스튜디오(Google AI studio) Veo 활용하기

Veo 부분을 클릭해서 이미지, 영상을 함께 생성해 보려고 한다. 정말 몇 초만에 생성되는 결과물을 볼 때마다 신기하고 믿겨지지가 않는다.

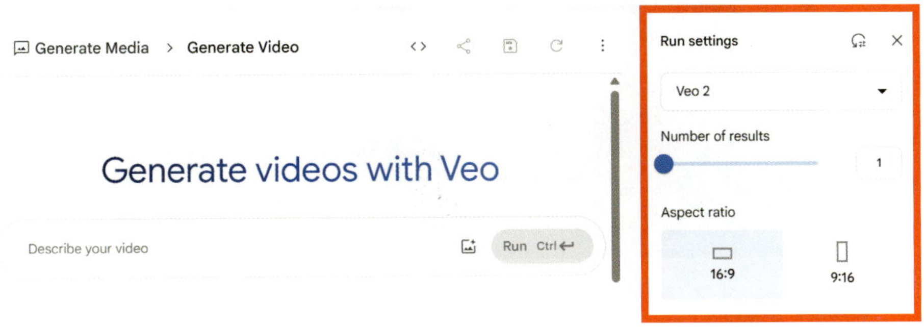

[그림 10-6] 구글 AI 스튜디오(Google AI studio) Veo2 활용하기

버전은 veo2만 사용할 수 있으며 영상은 한 번 생성할 때 최대 2번까지 가능하나 하루에 5개만 만들 수 있어서 1개로 설정해서 만들어 보는 것이 좋다. 영상이 나올 때 비율은 쇼츠영상 또는 핸드폰 화면은 16:9, 다른 영상은 9:16이 적합하다.

그리고 영상은 기본은 8초로 되어 있는데 수정이 가능하다. 또한 Negative prompt에는 영상에 나오지 않았으면 하는 단어들을 설정해 두면 생성할 때 나오지 않는 모습도 보여진다.

*영상을 만들 때 프롬프트는 정확한 단어를 써 주는 것이 좋다. 애매모호한 단어를 사용하면 동영상이 생성되지 않는다.

[그림 10-7] 구글 AI 스튜디오(Google AI studio)에서 이미지 생성하기

이렇게 구글 AI 스튜디오에서 이미지 생성하기를 해 보았다. 결과물이 만족하게 나왔다. 실제 유아들과 '프롬프트 단어를 무엇을 넣어 볼까?' 하면서 이야기 나눈 후 결과물을 보여 줘도 좋아할 것 같다고 생각한다.

3 노트북 LM(Notebook LM) 활용하기

노트북 LM(Notebook LM)은 구글 안에 들어 있다. 'AI로 수많은 정보와 출처를 찾아오는데 이 정보들을 어떻게 활용하는 게 좋을까?'라는 생각을 많이 했다. 맞춤으로 딱 필요한 것이 노트북 LM(Notebook LM)인 것 같다.

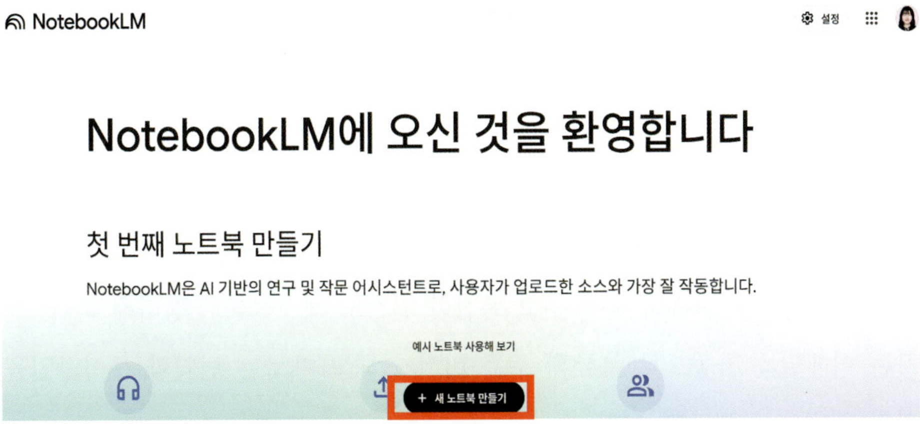

[그림 10-8] **노트북 LM(NotebookLM) 활용하기**

화면구성은 이렇게 되어 있다. 가장 왼쪽에 보면 다양한 소스를 찾아올 수도 있고 넣어 줄 수도 있고 가장 중간은 왼쪽에 있는 정보를 가지고 활용한다던가 대화를 한다거나 하는 것을 채팅장에서 할 수 있다. 그 내용들을 바탕으로 맨 오른쪽 화면에서는 심화해서 음성을 만든다던가 시각화 한다거나 문서를 저장하는 역할을 한다.

*노트북 LM(Notebook LM)의 장점은 논문 분석 및 정리와 내가 원하는 소스를 넣으면 다양한 분야에서 검색을 해서 결과를 준다는 것이다.

출처에서 추가 버튼을 눌러서 저장해 둔 논문을 추가하면 노트북 LM(Notebook LM)이 분석을 해 주고 작성을 해 주는 역할을 한다.

자료를 찾아서 저장해야 하는 역할도 해 주고 있다. 탐색을 통해서 소스를 검색해 볼 수 있다.

소스검색을 할 때 내가 관심 있는 것들을 넣어 주면 다양한 자료를 검색해 준다.

본서 9장, 10장에서 구글을 다뤄 보았다. 처음에 구글이 하는 역할들을 잘 몰랐는데 잘 이용하면 현장에서도 충분히 많이 활용할 수 있겠다고 느껴서 구글에 대해 내용을 썼다.

구글은 이제 단순한 검색엔진을 넘어 내 업무에 꼭 맞는 맞춤형 도구가 되어 준다.

필요한 자료를 신속히 찾아 주고 복잡한 일정도 체계적으로 정리해 준다. 때로는 이메일을 자동으로 분류해 주는 비서가 되고 때로는 번역과 문서작업을 척척 해내는 조력자가 된다.

Chapter

11

AI를 활용한 알림장 만들기 및 수업계획안 작성하기

1 챗GPT를 활용하여 계절별 인사말 만들기

매일, 매주 현장에서는 알림장으로 부모님과 소통을 하는 경우가 대부분이다. 인사말이 어려운 선생님, 국경일마다 인사말을 써서 내보내야 하는 경우들이 비일비재하다. 그럴 때 어떻게 하면 AI를 잘 활용해서 업무의 효율을 높일 수 있는지에 대해 이야기를 하려고 한다.

질문: 알림장에 봄, 여름, 가을, 겨울 인사말을 남겨야 하는데 이럴 때마다 고민이 많이 되고 글을 쓰기 위해서 1~2시간은 기본으로 소요되는 경우가 많은데 AI를 활용하면 시간이 단축될까요?

대답: "네! 물론이죠! AI로 계절별 인사말을 만드는 방법을 알려 드릴게요"

2장을 참고하시면 챗GPT 기본 사용방법을 알 수 있어요

나는 봄 인삿말을 써서 학부모님들께 전달하고 싶어
5줄이상으로 꽃, 나비, 새싹, 우리 아이들을 포함해서 글을 써줘
친절한 말투로 부탁해

물론이죠! 아래는 꽃, 나비, 새싹, 우리 아이들을 포함한 봄 인삿말 예시입니다. 학부모님들께 따뜻하게 전할 수 있는 친절한 말투로 작성해드렸어요:

학부모님, 안녕하세요.
따스한 햇살 아래 예쁜 꽃들이 피어나고, 나비가 살랑살랑 날아다니는 아름다운 봄이 찾아왔습니다.
싱그러운 새싹처럼 우리 아이들도 하루하루 건강하게 자라나고 있답니다.
아이들과 함께 웃고 배우며 봄의 기운을 가득 담아 즐거운 나날을 보내고 있습니다.
늘 따뜻한 관심과 사랑으로 함께해주셔서 진심으로 감사드리며,
행복이 가득한 봄날 되시길 바랍니다.

[그림 11-1] 챗GPT를 활용해 봄 인사말 만들기

이렇게 인사말을 만들 때는 [계절] [꼭 넣고 싶은 키워드 3~5가지] [말투 설정] [분량]을 설정해서 작성하면 고민하는 시간을 줄여 줄 수 있다. 말투는 꼭 설정하는 것이 중요하며 원하는 답이 나오지 않으면 "수정해 줘" 등 다시 재요청해서 원하는 말을 만들 수 있다.

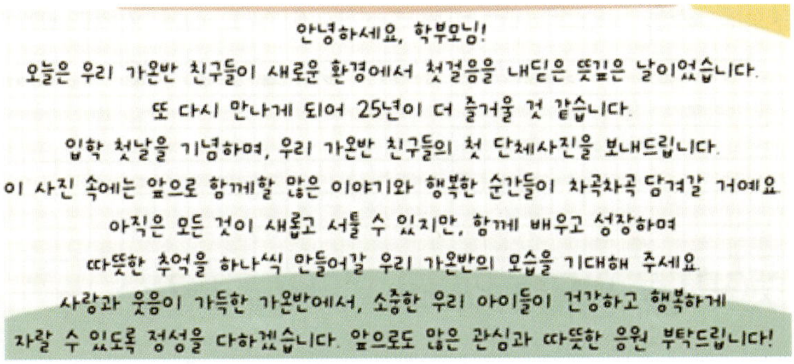
안녕하세요, 학부모님!
오늘은 우리 가온반 친구들이 새로운 환경에서 첫걸음을 내딛은 뜻깊은 날이었습니다.
또 다시 만나게 되어 25년이 더 즐거울 것 같습니다.
입학 첫날을 기념하며, 우리 가온반 친구들의 첫 단체사진을 보내드립니다.
이 사진 속에는 앞으로 함께할 많은 이야기와 행복한 순간들이 차곡차곡 담겨갈 거예요
아직은 모든 것이 새롭고 서툴 수 있지만, 함께 배우고 성장하며
따뜻한 추억을 하나씩 만들어갈 우리 가온반의 모습을 기대해 주세요
사랑과 웃음이 가득한 가온반에서, 소중한 우리 아이들이 건강하고 행복하게
자랄 수 있도록 정성을 다하겠습니다. 앞으로도 많은 관심과 따뜻한 응원 부탁드립니다!

[그림 11-2] **실제 챗GPT를 활용한 인사말 사례**

질문: 위에 계절별 글을 생성하고 나서 가정통신문으로 변경도 가능한가요?
대답: 대답은 무조건 YES!

인사말을 가정통신문으로 만들어 준다. 역시 프롬프트가 가장 중요하다는 것을 느낄 수 있다.

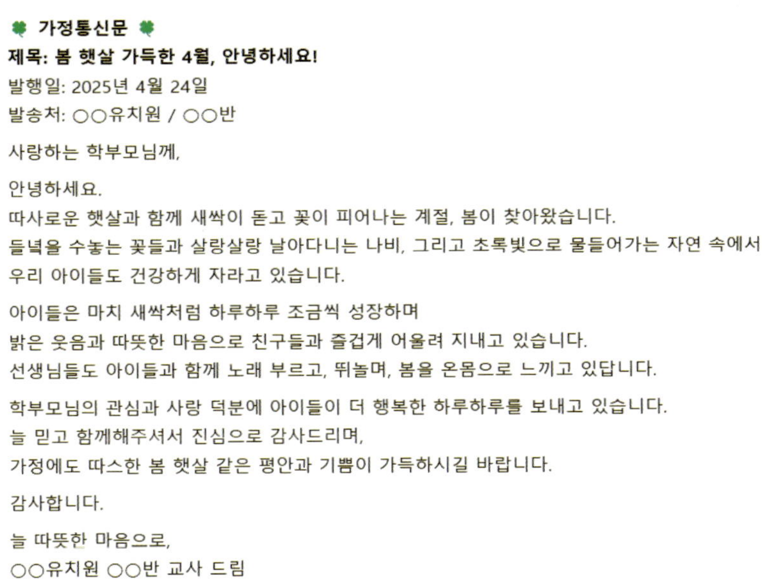
가정통신문
제목: 봄 햇살 가득한 4월, 안녕하세요!
발행일: 2025년 4월 24일
발송처: ○○유치원 / ○○반

사랑하는 학부모님께,

안녕하세요.
따사로운 햇살과 함께 새싹이 돋고 꽃이 피어나는 계절, 봄이 찾아왔습니다.
들녘을 수놓는 꽃들과 살랑살랑 날아다니는 나비, 그리고 초록빛으로 물들어가는 자연 속에서
우리 아이들도 건강하게 자라고 있습니다.

아이들은 마치 새싹처럼 하루하루 조금씩 성장하며
밝은 웃음과 따뜻한 마음으로 친구들과 즐겁게 어울려 지내고 있습니다.
선생님들도 아이들과 함께 노래 부르고, 뛰놀며, 봄을 온몸으로 느끼고 있답니다.

학부모님의 관심과 사랑 덕분에 아이들이 더 행복한 하루하루를 보내고 있습니다.
늘 믿고 함께해주셔서 진심으로 감사드리며,
가정에도 따스한 봄 햇살 같은 평안과 기쁨이 가득하시길 바랍니다.

감사합니다.

늘 따뜻한 마음으로,
○○유치원 ○○반 교사 드림

[그림 11-3] **챗GPT를 활용한 가정통신문 만들기**

TIP. 봄, 여름, 가을, 겨울 주제만 바꿔서 선생님이 넣고 싶은 키워드 5개 정도를 넣고 분량을 정해서 생성하면 더 알차고 좋은 결과물을 얻을 수 있다.

2 챗GPT로 만드는 안내문 이미지 만들기

가정통신문이나 안내문의 이미지를 찾는 것도 교사들의 일 중에 하나였는데 이제는 챗비서의 도움을 받아 '뚝딱!' 하고 만들 수 있다. AI에서 항상 중요한 것은 프롬프트이다. 프롬프트 예시를 보면서 활용해서 써 보면 좋을 것 같다.

[안내문 그림 생성 프롬프트]

나는 영유아 교사야
어린이집에서 학부모에게 보낼 안내문을
이미지로 만들어 줄 수 있어?
[행사/활동이름] 안내문이야
[안내문에 들어갈 내용] 내용을 담아 줘
[안내문에 들어가길 원하는] 일러스트가 들어가고
[안내문 색깔] 색으로
[안내문 스타일] 스타일이면 좋겠어
[안내문에 원하는 폰트] 폰트로 부탁해!
그리고 제일 밑 부분에 작은 글씨로
[어린이집/유치원 이름]이라고 남겨 줘.

나는 영유아 교사야
어린이집에서 학부모에게 보낼 안내문을
이미지로 만들어 줄 수 있어?
[운동회/스마일 가족 운동회] 안내문이야
[0000년 0월 0일 0요일 오전 10시/한강공원에서 운동회를 한다는]
내용을 담아 줘
[달리는 모습, 가족들끼리 행복한 모습] 일러스트가 들어가고
[연노랑] 색으로
[따뜻하고 친절한] 스타일이면 좋겠어
[저작권에 걸리지 않는] 폰트로 부탁해!
그리고 제일 밑 부분에 작은 글씨로
[윤선어린이집]이라고 남겨 줘

[그림 11-4] 실제 챗GPT에 쓴 프롬프트

이렇게 구체적으로 넣을수록 내가 원하는 결과물을 얻을 수 있다. 육하원칙에 맞춰 프롬프트 명령하는 것이 가장 좋은 형태의 프롬프트라고 할 수 있다. 실제 프롬프트로 나온 결과물도 함께 소개하려고 하는데 항상 유념할 것은 나온 결과물을 그대로 사용하려고 하면 안된다는 점을 다시 강조한다.

[그림 11-5] 챗GPT로 만든 가정통신문

그림만 사용하고 싶을 때는 이렇게 해 볼 수 있다.

[프롬프트]

나는 영유아 교사야
학부모님에게 전달할 안내문의
배경 이미지를 만들고 싶어!

[행사 이름] 안내문이고
[행사 내용] 이야

[배경 이미지에 들어갈 일러스트] 일러스트가
[일러스트의 위치와 크기] 들어간
[배경 이미지로 원하는 색상] 색으로
[배경 이미지 스타일] 스타일로 부탁해
[글씨는 넣지 말고 가운데에 공간을 비워둔 배경]
이미지만 부탁해!

앞과 같이 요청을 해 보면 또 다른 느낌의 결과물이 나올 것이다. 이렇게 챗GPT는 어떻게 사용하냐의 따라 결과물도 무한으로 달라질 수 있다는 점을 기억하고 실제 현장에서 유익하게 사용하면 좋을 것 같다.

3 챗GPT를 이용한 홍보영상 생성하기

요즘은 홍보가 꼭 필요한 세상이 되었다. 어린이집, 유치원도 홍보를 다양한 방면에서 하고 있다. '어떤 것을 주제로 홍보해야 하지?'라는 생각을 많이 했던 것 같다.

이럴 때 챗GPT의 도움으로 홍보영상에 필요한 이미지 제작 프롬프트를 받아 이미지도 뽑아내고 동영상까지 이어서 간단하게 편집해서 홍보해 보는 것도 좋을 것 같다.

어린이집 홍보영상을 만들려고 해, 윤선어린이집을 소개할거야
아이들은 0세~5세까지 있고 각 연령에 맞는 특색활동을 하고 있다는 것을 소개하고
자연과 함께 하는 실외활동도 항상 하며 인성도 중요시 한다는 주제로 이미지를 뽑으려고 해
이 내용에 맞춰 맞는 이미지 프롬프트를 넣어줘

[그림 11-6] 홍보영상 프롬프트

어린이집, 유치원을 홍보할 때 가장 무엇이 중요하고 어떤 것에 초점을 맞춰서 영상을 만들고 싶은지를 먼저 생각하고 프롬프트를 뽑아내는 것이 가장 중요하다.

윤선어린이집 홍보영상 이미지 프롬프트

1. 전경 소개 – 따뜻하고 친근한 어린이집

> *Prompt:*
> "A cozy and cheerful Korean daycare center with children aged 0 to 5, colorful play areas, soft lighting, welcoming entrance with '윤선어린이집' sign, surrounded by trees and flowers, in a warm and natural style"

2. 연령별 특색 활동 – 다양한 연령대 아이들 활동 모습

> *Prompt:*
> "A group of infants to 5-year-old children engaged in age-specific activities: infants playing on soft mats with sensory toys, toddlers doing art with finger paints, preschoolers exploring with magnifying glasses and puzzles, all in a bright, well-organized classroom with natural lighting"

3. 자연 속 실외활동 – 자연과 함께하는 놀이

> *Prompt:*
> "Children running and playing outdoors in nature, climbing on logs, observing bugs with magnifying glasses, planting flowers, blowing bubbles in the sunshine, all surrounded by trees and grass, joyful expressions and a natural environment"

[그림 11-7] 홍보영상 이미지 프롬프트

4 제미나이(Gemini)를 활용하기

참고: 3장 업무효율화에 도움이 되는 생성형 AI도구 이해 부분에 기초 설명이 있음

놀이중심이 된 유아교육 현장, 유아들의 흥미 위주로 놀이를 계획하다 보면 교사의 아이디어가 부족할 수 있다. 그때 제미나이(Gemini)를 활용해 보면 좋을 것 같다.

프롬프트를 입력할 때는 [연령], [유아들이 흥미 있어 하는 주제], [몇 가지 아이디어를 뽑을 것인지] 고민을 해서 입력해 보면 좋다.

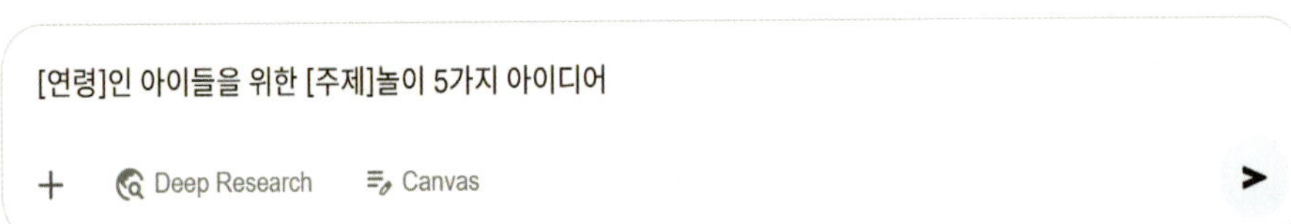

[그림 11-8] 제미나이(Gemini)를 활용해서 놀이 주제 아이디어 얻기

예를 들어, 유아들이 [캠핑]에 관심을 가졌다고 가정을 하고 놀이 주제를 뽑아보려고 한다.

[4세] [캠핑] [5가지의 아이디어] 프롬프트를 넣어 보려고 한다.

1. **나만의 텐트 만들기:** 집 안이나 마당에 담요나 의자 등을 활용해서 아이들이 직접 텐트를 만들어 보세요. 텐트 안에서 그림을 그리거나 책을 읽어주면 더욱 즐거워할 거예요. 손전등을 챙겨 들어가 그림자 놀이를 하는 것도 재미있겠죠?
2. **자연물 보물찾기:** 주변에서 쉽게 찾을 수 있는 나뭇잎, 돌멩이, 꽃잎 등을 숨겨놓고 아이들에게 찾아보라고 해 보세요. 미션을 성공한 아이에게 작은 보상을 준비해두면 더욱 신나 할 거예요. 찾은 자연물로 간단한 콜라주 작품을 만들어보는 것도 좋은 활동이 될 수 있답니다.
3. **캠프파이어 흉내 내기:** 빨간색, 주황색, 노란색 색종이나 천을 길게 잘라 바닥에 쌓아 올리고, 가운데 손전등을 켜서 캠프파이어 분위기를 연출해 보세요. 주변에 둘러앉아 동요를 부르거나 이야기를 나누면 마치 진짜 캠프파이어를 하는 듯한 기분을 느낄 수 있을 거예요.
4. **별자리 이야기:** 밤하늘을 보며 별자리에 대한 이야기를 들려주세요. 별자리 그림책이나 앱을 활용하면 더욱 실감 나게 설명해 줄 수 있답니다. 아이들이 직접 별자리를 찾아보도록 유도하고, 자신만의 별자리를 상상해서 이야기해 보는 것도 창의력 발달에 도움이 될 거예요.
5. **신나는 캠핑 요리사:** 간단한 캠핑 요리를 함께 만들어 보세요. 주먹밥이나 샌드위치처럼 아이들이 쉽게 참여할 수 있는 메뉴가 좋아요. 안전한 범위 내에서 칼이나 가위 사용법을 알려주고, 직접 재료를 자르거나 섞는 과정을 경험하게 해 주세요. 자신이 만든 음식을 맛있게 먹는 아이들의 모습은 정말 사랑스러울 거예요.

[그림 11-9] 프롬프트를 입력해서 제미나이(Gemini)로 놀이 주제 아이디어 생성하기

항상 프롬프트를 입력할 때는 육하원칙을 생각하면 좋다. AI는 구체적으로 명령어를 입력해 주는 것이 가장 중요하다는 것을 잊지 말아야 한다!

그 다음으로는 놀이 주제 아이디어를 바탕으로 활동계획안을 짜 보는 활동을 해 보려고 한다.

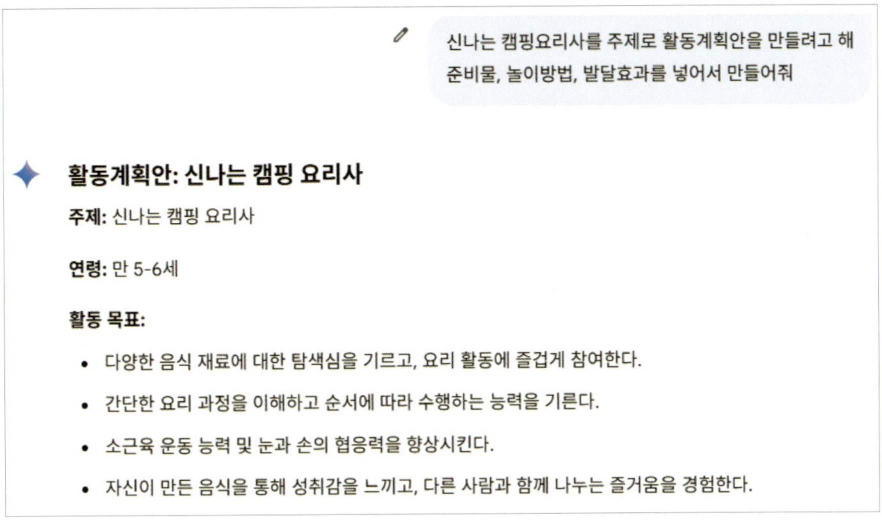

[그림 11-10] **활동계획안 만들어 보기 1**

이 내용을 바탕으로 연간, 월간, 주간교육계획안을 만들 수 있다. 또한 유아들의 놀이를 관찰하다가 유아들의 흥미가 보이는 주제를 가지고 놀이 주제를 확장해서 생각해 볼 수 있는 도구가 될 수 있다.

Chapter

12

유아교육현장에서 AI를 활용한 사례

1 캔바(Canva)를 활용한 사례

유아교육 현장에서 캔바(Canva)는 가정통신문, 활동지 만들기 등 다양한 영역에서 유용하게 사용되어진다. 실제 캔바(Canva) 활용방법을 알면 활용할 수 있는 사례는 무궁무진하다.

각종 행사에도 유용하게 사용할 수 있다. 예를 들어, "어버이날"이라고 검색하면 다양한 자료들이 나오는데 자신이 원하는 대로 수정도 가능한 장점을 가지고 있다. 캔바(Canva)로 작업을 할 때는 무슨 주제로 내가 필요한 것인지를 생각하고 결정하면 편리하게 만들 수 있다.

[캔바(Canva)는 이렇게 활용해요]

카드뉴스 만들기, 놀이자료 만들기, 가랜드 만들기 등 현장에서 필요한 자료를 편리하게 만들 수 있다.

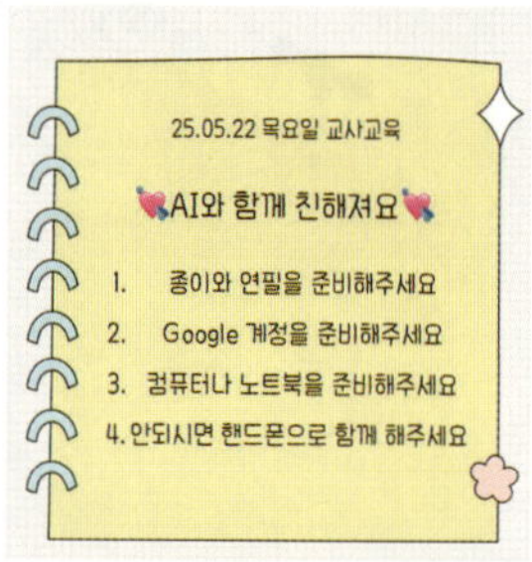

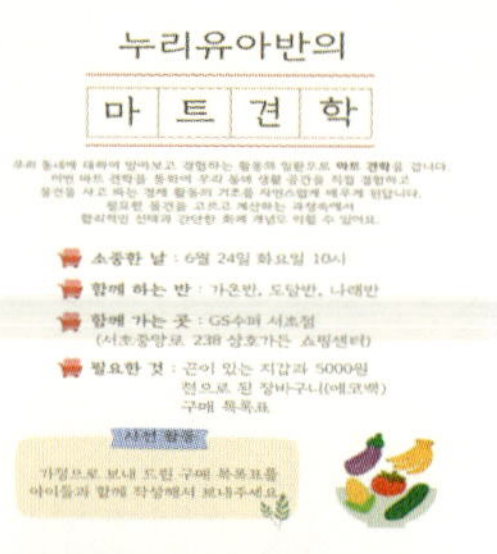

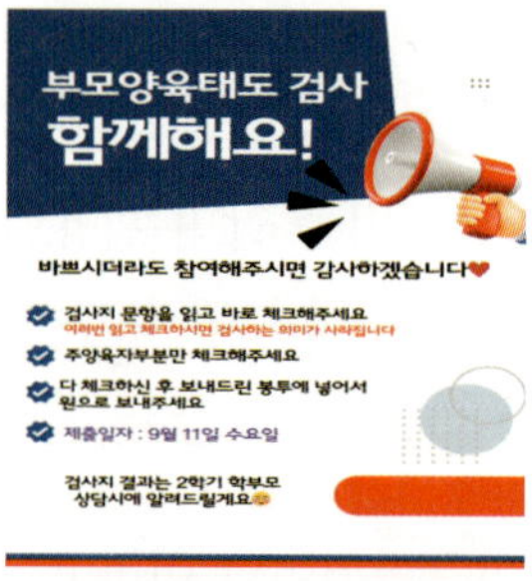

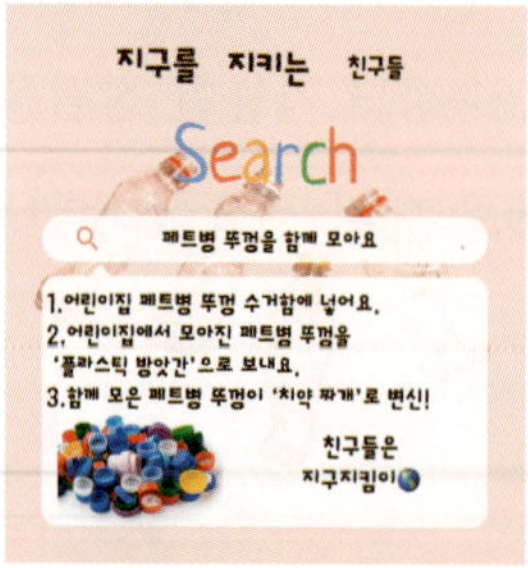

2 캡컷(Capcut)을 활용한 사례

유아들과 함께 한 행사 등 짧게 영상을 만들어야 할 때 유용하게 활용할 수 있다. 다른 AI 플랫폼에서 노래 작업을 하고 캡컷(CapCut)에서 영상으로 편집할 수도 있다.

연말, 연초에도 유아들 사진들을 활용해서 감동의 영상도 간편하게 만들 수 있는 장점이 있다.

[캡컷(CapCut)은 이렇게 활용해요]

유아들의 짧은 추억 영상 만들기, 학기말 영상 만들기, 행사 마무리 영상 만들기 등 편리하게 영상을 제작해서 행사 때 활용할 수 있다.

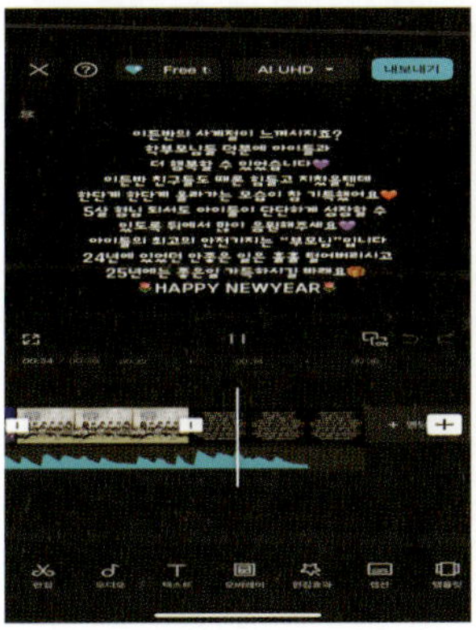

3 히드라(Hedra)를 활용한 사례

유아들 사진을 넣어서 만들 수도 있고 좋아하는 캐릭터로도 이미지를 넣어서 실제 말하는 영상을 만들 수 있다. 현장에서 유아들과 해 보니 유아들이 흥미를 가지는 모습을 볼 수 있었다.

히드라(Hedra)는 실제 사진을 넣어 노래하는 영상을 만들거나 좋아하는 캐릭터가 노래를 부르는 모습을 보여 주면 실제 현장에서도 유아들이 흥미를 가지고 보는 모습을 볼 수 있다.

4 위스크 AI(whisk AI)로 이미지 생성한 사례

텍스트+스타일 등을 입력하면 같은 프롬프트여도 다르게 이미지가 생성됨을 볼 수 있다.

실제 현장 선생님들과 수업을 해서 만든 결과물이다.

[위스크AI(whisk AI)는 이렇게 활용해요]

현장에서 원하는 자료가 없을 때 동화책을 만들거나 할 경우 유용하게 활용할 수 있다.

5 아숙업(AskUP)과 수노(Suno)를 활용한 사례

아숙업(AskUp)으로 유아들이 원하는 그림을 그려 보기도 하고 활동도 진행할 수 있다. 아숙업(AskUp)은 유아들이 실제 대화하는 것처럼 편안하게 대화를 할 수 있기 때문에 유아들과 AI 활용을 할 때 가장 활용도가 높았던 활동이였다.

실제 아숙업(AskUP)으로 유아들 개인이 원하는 그림을 뽑아 본 후 프린트해서 붙여 이 캐릭터는 무슨 의미가 있는지에 대해 발표해 보는 시간을 가져 보았다.

수노(Suno)는 유아들과 아숙업(AskUP)에서 가사를 뽑아 내고 수노(Suno)에 직접 가사를 넣어 노래를 생성해 보고 직접 친구들과 자신이 만든 노래를 들어 보면서 활동을 했다.

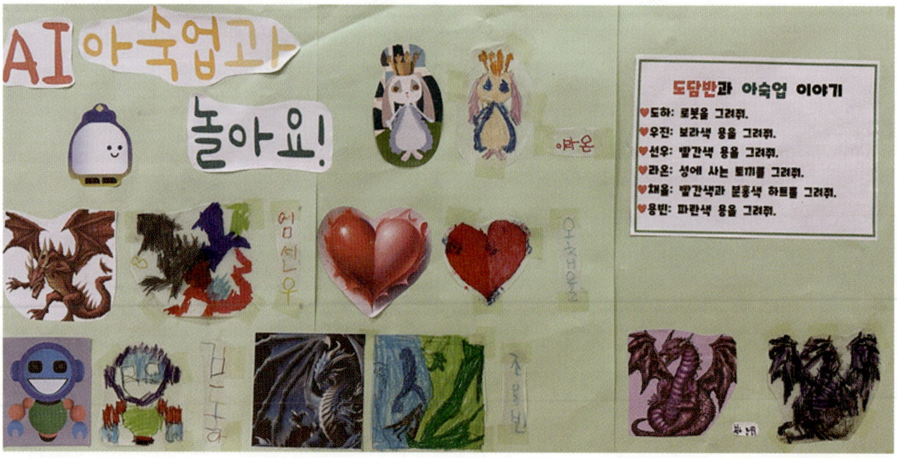

6 챗GPT를 활용한 사례

챗GPT를 이용하여 다양한 이미지를 뽑아 볼 수 있다. 실제 시화를 만들 때도 배경으로 활용할 수 있고 동화책을 만들 때도 유용하게 사용할 수 있다. 수업에서 마인드맵이 필요한 경우에도 편하게 접근할 수 있는 방법이다.

[챗GPT는 이렇게 활용한다]

1. 힘든 마음이 들 때 대화하는 상대로도 유용하다.
2. 유아들의 사진을 넣어 스케치 형식으로 뽑아 줘, 수채화 형식으로 뽑아 줘 등 다양한 미술 기법을 요청하면 맞는 결과물을 만들어 준다.
3. 동화책을 만들 때 시나리오를 뽑아 주는 역할도 해 준다.
4. 생일 등 행사에 맞는 포스터도 제작할 수 있고 편지지 등을 생성할 수 있다.

이 밖에도 많은 기능들이 있다.

실제 현장에서 활용한 내용들은 다음 페이지에 있으니 참고하면 좋을 것 같다.

챗GPT를 활용해 라인아트 뽑아서 점묘법, 자기소개활동하기

프롬프트: (유아사진을 넣고) 라인아트로 그려 줘

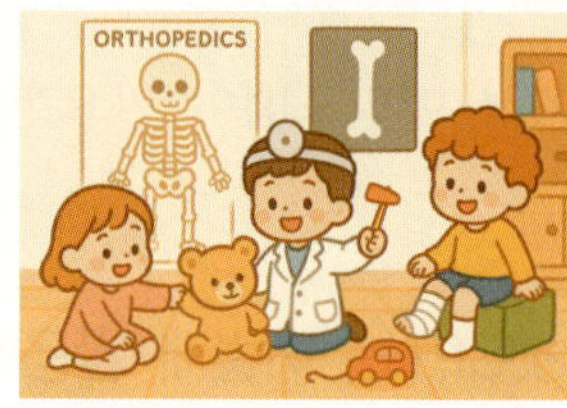

유아들과 놀이를 하기 위해 배경판을 챗GPT로 뽑아 실제 활용할 수 있다.

프롬프트: 어린이집(유치원)에서 놀이를 할 거야, 치과를 배경으로 그림을 그려 줘 여자, 남자 사람이 들어가면 좋겠어

실제 수업주제를 짤 때 마인드맵이 필요한 경우가 많은데 주제를 정한 후 마인드맵을 그려달라고 요청을 해도 아이디어를 참고할 수 있는 경우가 많이 생긴다.

프롬프트: 동물과 관련된 마인드맵을 그려 줘, 호랑이, 늑대 등(자신이 꼭 포함하고 싶은 동물을 넣어야 한다) 꼭 포함해 주고 총 15개(원하는 개수)로 마인드맵을 그려 줘

생일편지, 돌편지, 축하편지를 써야 할 경우도 많은데 원하는 도안이 없어서 고민이 될 때가 많다. 그럴 때 챗GPT를 활용해도 원하는 결과물을 얻을 수 있다.

프롬프트: 돌을 맞이한 유하(아기이름)에게 편지를 쓸 거야, 편지내용에는 1년 동안 잘 커 줘서 고마워를 넣고 웃는 모습에 아기 그림을 그려 줘

7 레오나르도(Leonardo.AI) AI를 활용한 사례

레오나르도(Leonardo.AI) AI를 활용해서 다양한 이미지를 뽑아 볼 수 있었다. 실제 시화를 만들 때도 배경으로 활용할 수 있고 동화책을 만들 때도 유용하게 사용할 수 있다.

Chapter

13

AI를 활용한 PPT 만들기

"AI가 만든 프레젠테이션, 당신의 무기가 되다" 요즘은 말로 하기보다는 단 하나의 이미지나 PPT로 나를 표현하는 것이 당연한 시대가 된 세상이다. 실제 유아교육 현장에서도 유아들과 사계절을 알려 주거나 환경교육 등 교육활동에 꼭 필요한 것이 PPT슬라이드이다.

교사 생활을 하면서 'PPT를 매일 만들기보다는 틀이라도 누가 만들어 주면 좋겠다'라는 생각을 많이 했었는데 이제는 실제 상상하던 시대가 눈앞에 와서 매일 AI를 활용하면서도 '신기하다, 이렇게 편리할 수가 있구나'라고 생각하면서 활용하고 있다.

AI를 활용해서 PPT를 만들 수 있는 플랫폼을 소개하려고 한다. 실제 업무를 할 때 활용하길 바래 본다.

우리가 흔하게 알고 있는 챗GPT와 젠스파크(ZenSpark)를 비교해 보려고 한다.

1 젠스파크(ZenSpark) AI와 챗GPT

젠스파크는 '슬라이드를 빠르게 만드는 AI 도구'이고, 챗GPT는 '텍스트 기반 생성형 AI 비서'이다. 젠스파크는 마치 "슬라이드 만드는 GPT"처럼 보이지만, 실제로는 슬라이드 구조화와 디자인을 자동화하는 데 집중되어 있어 '보여 주는 AI'를 말하며 챗GPT는 아이디어 생성, 글쓰기, 설명 등 '말하는 AI'에 가깝다. 젠스파크와 챗GPT 차이점을 [그림 13-1]을 보며 비교해 보자.

✅ **젠스파크 vs ChatGPT 차이점 비교**

구분	젠스파크 (ZenSpark)	ChatGPT
기본 목적	슬라이드(PPT) 자동 생성에 특화	대화형 AI, 다양한 질문·작문·코딩 등 처리
주요 기능	입력한 텍스트를 자동으로 디자인된 슬라이드로 변환	질문 응답, 글쓰기, 요약, 번역, 스크립트 생성 등
출력 형식	시각 중심의 프레젠테이션 자료	텍스트 중심의 대화, 글 형태
인터페이스	슬라이드 에디터 + 디자인 자동화 기능 포함	대화창 기반 텍스트 응답
사용 대상	발표자, 기획자, 강사 등 프레젠테이션 제작자	누구나: 작가, 학생, 개발자, 직장인 등
대표 사용 방식	한 문단 입력 → 슬라이드 수장 분할 + 디자인 반영	명령어 또는 질문 입력 → 텍스트 응답
AI 특징	발표 흐름을 고려한 시각화 및 슬라이드 구성 자동화	주제에 대한 이해력과 생성 능력에 강점

[그림 13-1] 젠스파크(ZenSpark) VS 챗GPT 차이점 비교 표

다음으로는 젠스파크(ZenSpark), 감마(Gama), 펠로(pello)에 대해 다뤄 보려고 한다.

2 젠스파크(ZenSpark)로 PPT 만들기

젠스파크(ZenSpark) 계정 생성 및 시작하기(3장에 설명이 되어 있음)

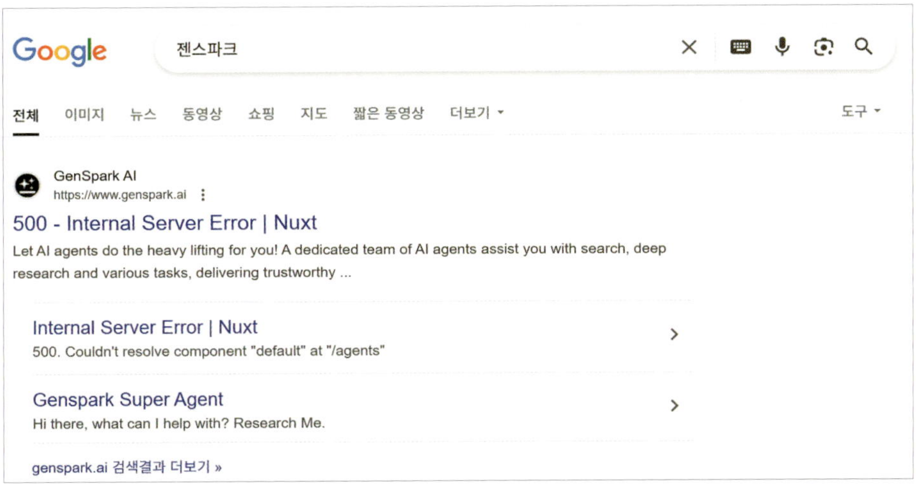

[그림 13-2] Google에서 젠스파크(ZenSpark) 접속하기

[그림 13-3] 젠스파크(ZenSpark)에서 작업하기

젠스파크(ZenSpark)에서 “AI 슬라이드”를 클릭해서 PPT작업을 할 수 있다. 그밖에도 많은 기능들이 있으니 꼭 한번 사용해 보면 좋을 것 같다.

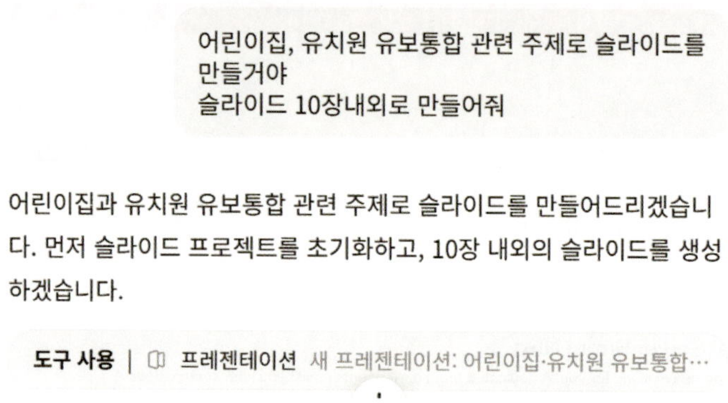

[그림 13-4] **젠스파크(ZenSpark)로 슬라이드 만들기**

젠스파크(ZenSpark)에서 AI 슬라이드 기능을 사용했다. 평상시 관심 있던 주제에 맞춰서 ppt를 작성해 달라고 요청하였더니 출처도 알려 주면서 생각을 순차적으로 해서 결과물을 만들어 주는 모습을 보였다.

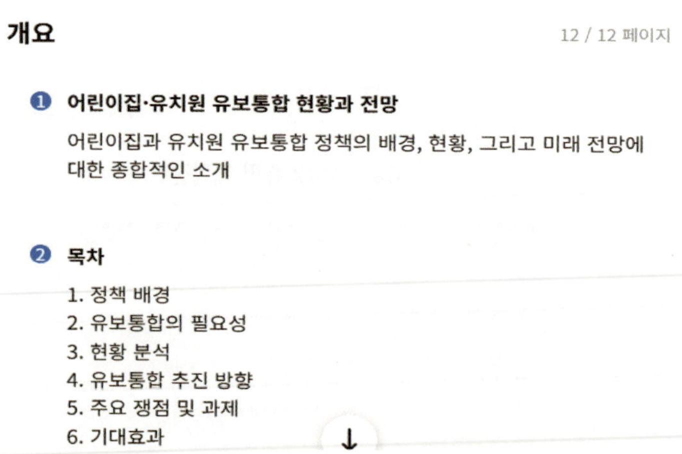

[그림 13-5] **젠스파크(ZenSpark) 슬라이드 개요 만들기**

이렇게 주제에 맞춰 개요를 짜 준다. 목차도 생각해서 짜 주기 때문에 내가 읽어 보고 더 추가하고 싶은 부분은 추가하고 빼고 싶은 부분은 빼면 된다. 항상 AI가 한 부분을 제대로 읽어 보지 않으면 맞지 않는 정보도 같이 들어 있을 수 있기 때문에 꼭 확인하는 것이 중요하다.

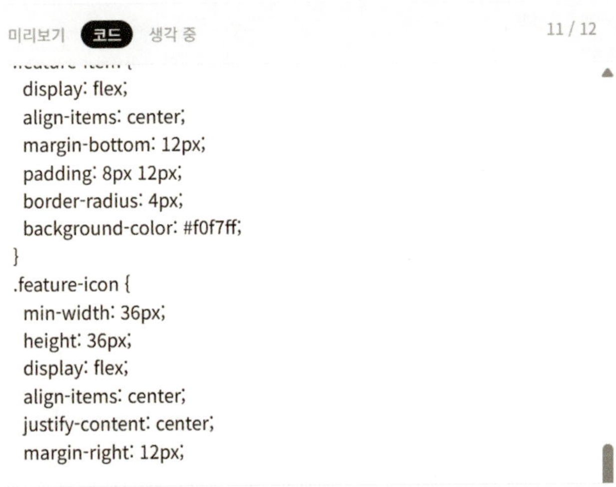

[그림 13-6] **젠스파크(ZenSpark)가 결과물 내는 과정**

이렇게 코드까지 생성해서 주제에 맞는 결과물을 내기까지 섬세하게 분석하고 만들어 주는 모습을 볼 수 있다.

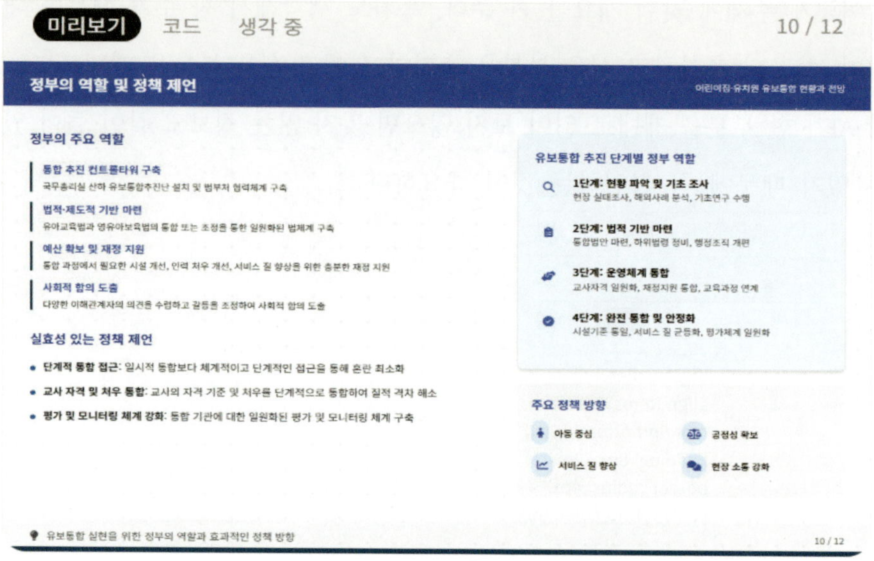

[그림 13-7] 젠스파크(ZenSpark) 슬라이드 미리보기

실제 현장에서 PPT가 필요할 때 프롬프트 한 줄을 넣어서 결과물을 만들 수 있다. PPT 개수도 지정해 주면 프롬프트에 맞춰 생성이 된다.

3 감마(Gama)와 펠로(Felo)로 PPT 만들기

감마(Gama)를 활용해서 손쉽게 PPT를 만들 수 있다. 감마(Gama)를 사용하는 방법에 대해 소개한다.

[그림 13-8] 감마(Gama) 활용하기

구글에 감마(Gama)를 검색해서 접속하면 구글로 로그인 해서 사용해 볼 수 있다.

[그림 13-9] 감마(Gama)로 AI 생성하기

감마(Gama)로 AI 생성하기를 누르면 텍스트로 붙여넣기, 생성, 파일 또는 URL 가져오기 3가지가 뜬다. 그중 활용할려고 하는 것을 선택해서 사용하면 된다.

① 텍스트로 붙여 넣기: PPT에 넣고 싶은 내용을 붙여 넣어 PPT를 생성
② 생성: 한 줄 프롬프트로 PPT 생성
③ 파일 또는 URL 가져오기: 내가 만든 파일이나 URL을 넣으면 1장으로 PPT가 요약 생성

3가지 방법 다 손쉽게 할 수 있고 눈깜짝할 사이에 생성되는 것을 볼 수 있다.

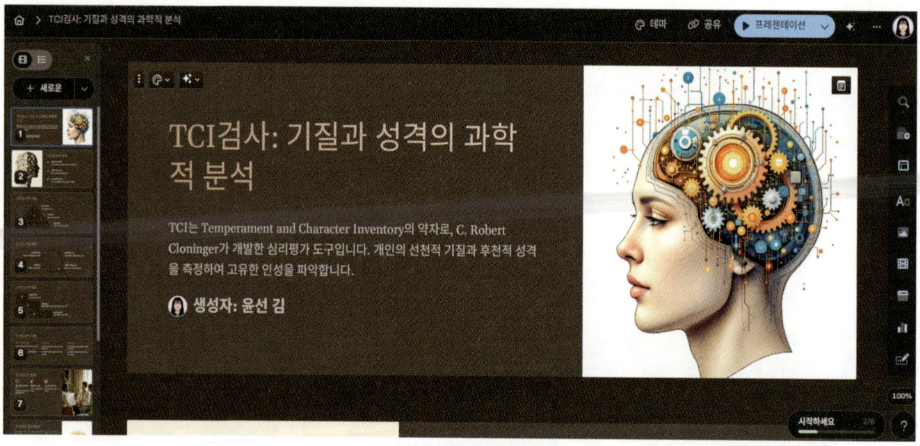

[그림 13-10] **감마(Gama) 결과물**

자체적으로 감마(Gama) 프로그램 내에서 수정할 수도 있고 PPT로 공유해서 PPT 자체로 수정할 수 있는 방법이 있다. 그림까지 주제에 맞춰 생성해 주니 편리하다.

다음으로 펠로(Felo)에 대해 소개한다. 펠로(Felo)는 PPT뿐만 아니라 다양한 부분에서 활용할 수 있다.

PPT는 시각화하는 것도 가장 중요하기 때문에 펠로(Felo)에서는 시각화하는 방법을 말해 주려고 한다.

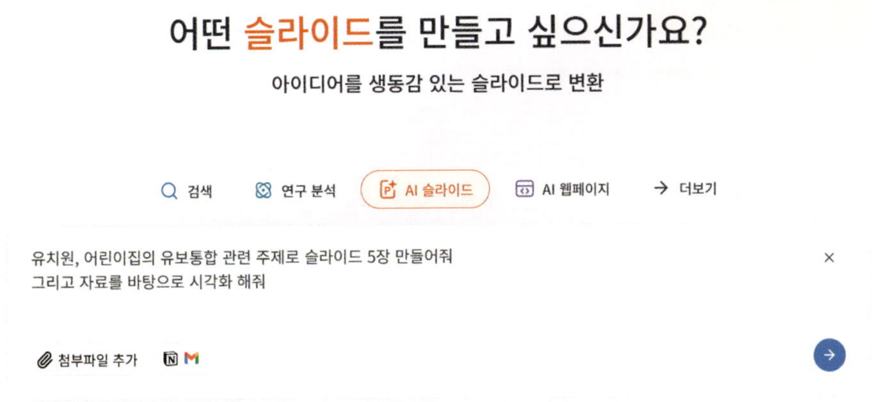

[그림 13-11] 펠로(Felo)로 슬라이드 만들기

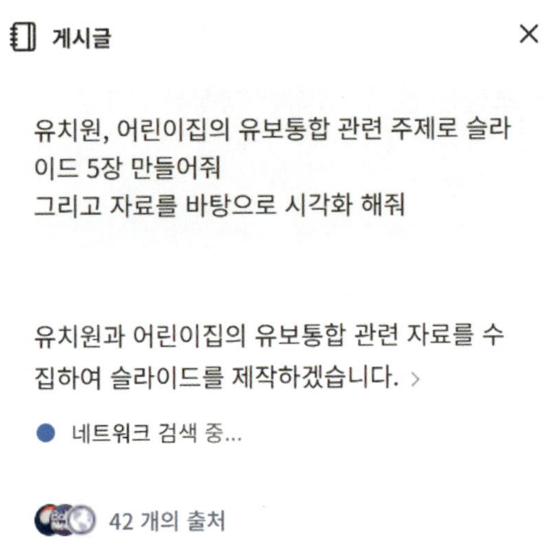

[그림 13-12] 펠로(Felo)로 슬라이드 요청하기

펠로(Felo)에서도 다양한 곳에서 출처를 찾아 정확도를 높여서 결과물을 제시해 주는 모습을 볼 수 있다. 간결하면서도 깔끔하고 시각화가 잘 돼 있는 PPT를 만들려면 어려움이 있었는데 이제는 AI가 잘 만들어 주니 유용한 것 같다.

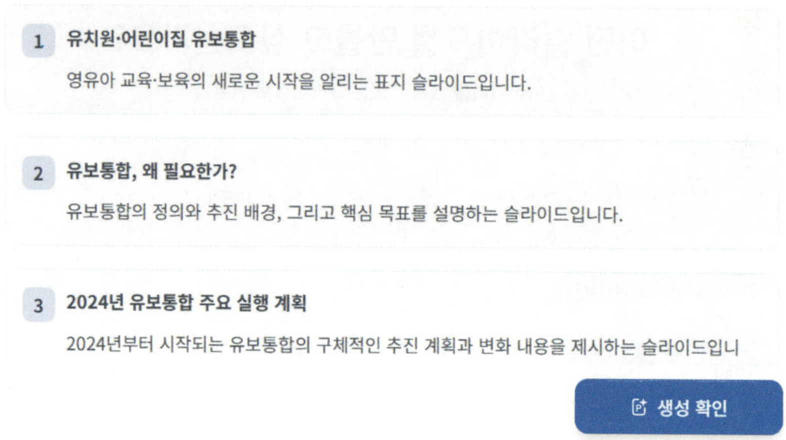

[그림 13-13] **펠로(Felo)로 슬라이드 생성하기**

실제 프롬프트를 넣으니 개요를 이렇게 짜 주는 모습을 볼 수 있었다. 하나 아쉬운 점이 있다면 초안은 볼 수 있지만 생성된 PPT를 보려면 유료로 전환을 해야 한다는 점이다.

지금까지 배운 AI 기술을 통해 현장에서 시간을 줄이고, 다양한 창의적인 산출을 하는 데 도움이 되길 바란다.

이 밖에도 책에서 다루지 못한 플랫폼들도 써 놓으니 참고하면 좋을 것 같다.

텍스트 AI	챗GPT, 구글 제미나이, 퍼플렉시티, 젠스파크, 펠로, 뤼튼
이미지 AI	챗GPT, 구글 Imagen 3, 미드저니, 플레이그라운드, 클링 이디오그램, Dreamina
영상 AI	헤이젠, 런웨이, 소라, 클링, 하이루오, 인비디오, 비디오스튜, 브루
보이스 AI	타입캐스트, 일래븐랩스, 네이버클로버 더빙, 수노, 유디오

참고문헌

KISTI ISSUE BRIEF [제68호] 인공지능 윤리(AI Ethics): 인간과 인공지능의 조화로운 공존 방안.

감마(https://gamma.app/ko)

레오나르도(https://leonardo.ai/)

뤼튼(https://wrtn.ai/)

리크래프트(https://www.recraft.ai/)

알파세대, Z세대, Y세대, X세대(출처: NIA).

위스크(https://labs.google/fx/tools/whisk)

유화선, 윤병성, 최희석(2024). 인공지능 윤리(AI Ethics): 인간과 인공지능의 조화로운 공존 방안, 주요국의 AI 윤리 원칙, KISTI 이슈브리프 제 68호_인공지능 윤리, 1~16.

제미나이(https://gemini.google.com/)

젠스파크(https://www.genspark.ai/)

주요국의 AI윤리원칙(출처: CROS 2023).

직접 사이트 접속 캡처.

챗gpt(https://chatgpt.com/)

캔바(https://www.canva.com/)

캡컷(https://www.capcut.com/)

퍼플렉시티(https://www.perplexity.ai/)

펠로(https://felo.ai/ko/search)

히드라(https://www.hedra.com/)

찾아보기

저 / 자 / 소 / 개

▪ 이정아

건국대학교 일반대학원 교육학박사
현, 국제대학교 유아교육학과 교수
〈저서〉 유아인성교육, 영유아프로그램 개발과 평가, 아동권리와 복지,
유아 다문화교육의 이해와 실제, 이토록 다정한 사춘기 상담소 외 다수

▪ 김윤선

숭실대학교 경영대학원 복지경영학석사
현, 국제유아AI전문강사
〈저서〉 나만 알고 싶은 챗GPT 활용 업무효율화 비법, 생성형 AI 챗GPT 300% 활용법,
이것이 코파일럿이다 외 다수

▪ 박시은

상하이복단대학교 민상법학석사
호서대학교 벤처대학원 콘텐츠비즈니스 박사과정
현, AI미래교육연구소 대표
〈저서〉 생성형 AI활용 업무효율화 비법, 직장인을 위한 챗GPT 300% 활용 비법노트,
한 권으로 끝내는 온라인 교육&회의 외 다수

▪ 이유희

성신여자대학교 일반대학원 문학박사
현, 영재유치원 원감
〈논문〉 유아교사 양성과정에서의 '유아 문제행동' 관련 강좌 수강 경험 및 개선 방향 (2024)
초임 유아교사의 부모면담 역량 향상을 위한 교사교육 프로그램 개발 및 적용 (2022) 외 다수

AI를 활용한
유아디지털교육

1판 1쇄 인쇄 — 2026년 1월 10일
1판 1쇄 발행 — 2026년 1월 15일

저　　자 - 이정아 김윤선 박시은 이유희
발 행 인 - 강철원
발 행 처 - 양성원
주　　소 - 경기도 파주시 검산로 173번길 29-12
전　　화 - 031-946-3861(代)
팩　　스 - 031-946-3864
이 메 일 - tnwpub@naver.com
홈페이지 - tnwpub.co.kr
출판등록 - 2015년 8월 31일 제 2015-000211 호

ISBN 979-11-6126-657-2

정가 20,000원